경기에서 추다
2

SOURU-BERURIN TAMATUKI SYOKAN
Copyright © 2008 by Suh Kyungsik and Yoko Tawada
Originally published in Japanese by Iwanami Shoten, Publishers, Tokyo, 2008
All rights reserved
Korean translation copyright © 2010 by Changbi Publishers, Inc.
Korean translation edition is published by arrangement
with Iwanami Shoten, Publishers, Tokyo

이 책의 한국어판권은 저작권사와 독점 계약한 ㈜창비가 소유합니다.
저작권법에 의해 보호를 받는 저작물이므로 무단전재와 복제를 금합니다.

서울–베를린,
언어의 집을 부수고 떠난
유랑자들

경계에서 춤추다

서경식 · 타와다 요오꼬 지음

서은혜 옮김

창비

| 한국어판 서문 |

2006년 4월부터 두해 동안 한국에 머물면서 실로 많은 이들을 만났고, 뜻 깊은 체험을 했다. 이 책은 바로 그런 경험에서 얻은 열매의 일부다.

이 책의 바탕이 되었던 왕복서한이 아직 일본 잡지 『세까이(世界)』에 연재되고 있을 때, 창비사 편집자에게서 번역출판을 하고 싶다는 제안을 받았다. 나는 물론 기뻤지만, 그와 동시에 정말 출판을 할 수 있을까 미심쩍기도 했다.

나와 타와다 요오꼬씨는 많이 다르다. 나는 재일조선인이고 그녀는 적어도 국적상으로는 일본인이다. 살고 있는 곳도 다르다. 성별도 세대도 다르다. 그런 두사람 사이의 대화는 정해진 목적지에 안전하게 도착하기보다는, 오히려 서로의 관심이나 감각의 미묘한 어긋남을 도드라지게 만들리라 짐작할 수 있었다. 차라리 그런 어긋남의 모습들을 확인하고 그 사실을 즐길 수가 있다면 성공이라고도 생각했던 것이다. 결과는 짐작대로였지만, 그것을 한국의 독자들에게 번역해 보여드리려다 보면 일은 한층 더 복잡해진다.

우선, 정확하게 번역할 수 있을 것인지조차 알 수 없었다. 게다가 정확하게 번역을 할 수 있다 한들, 그 내용을 한국 독자들이 재미있다고 생각해줄지 어떨지 분명치 않다.

한국에 있는 동안, 옌뻰(延邊) 출신 여류 작가 허련순씨와 알게 되었다. 나나 그이나 우리 근대사가 낳은 디아스포라다. 그이는 조선어로 글을 써서 옌뻰에서는 저명한 문학상도 받았다. 그런 그녀가 한국에 자주 오가게 되면서 어느 대학 국문과에 입학하여 조선어 공부를 다시 시작했다는 것이었다. 까닭을 물으니, 자기가 쓰는 옌뻰 조선족 말은 옛날 함경도 사투리의 영향이 강하고, 어휘 역시 사회주의 중국의 용어가 많아서 '올바른 한국어'가 아니니, 될 수 있는 대로 '올바른 한국어'로 글을 쓰고 싶어서였다는 것이다.

'아이구, 저런. 아까워라!' 하고 생각했다. "올바른 말 같은 게 어디 있어요? 말에는 선악도 우열도 없어요. 허선생님의 말은 조선민족의 근대사를 반영한 것이고 동시에 선생님의 귀중한 재산이랍니다. 자신만의 언어로 쓰셔야죠."

"그런 식으로 생각해본 적이 없어요. 재미있는 생각이네요." 그이는 그렇게 말하며 웃었지만 "하지만, 한국의 독자들이 받아들여줄까요?" 하며 표정이 어두워졌다.

자, 그렇다면 이 이야기를 독자 여러분께서는 어떻게 생각하실까? 만약 재미있다고 생각하셨다면 이 책 역시 재미있게 읽어주실지도 모른다.

타와다 요오꼬씨는 나보다 열살 아래다. 한국에서는 그녀의 글이 처음 소개되는 거라고 하는데, 일본에서는 이미 흔들림 없는 자리를 확보하고 있는 작가다. 일본에서는 그녀 세대쯤부터 종래의 '올바른 일본어'라는 개념을 의심하고 그것을 의도적으로 깨뜨리려는 듯한 문학이 나타나기 시작했다. 그것은 일본인의 생활권이 국제적인 확산을 보이는 시기와 겹쳐 있다. 좋든 싫든 한국에서도 이제부터 비슷한 현상이 급속하게 전개되리라고 나는 예측하고 있다. 아니, 오히려 식민지 지배와 분단의 결과, 민족이산을 경험한 우리는 그 대가로 풍성한 국제적 경험을 쌓아왔고 풍부한 문화적 축적 또한 이뤄왔을 것이다. 일제와 미국의 외압에 의한 문화적 파괴를 경험한 만큼, 오히려 한층 더 '올바른 민족어'라든가 '올바른 민족문화'를 정립하고자 하는 심정도 이해할 수는 있지만, 그것에 너무 집착한 나머지 풍요로운 문화적 자원을 스스로 포기하고 있지나 않은지 안타깝다. 지금까지의 틀을 넘어 디아스포라들의 관점까지를 끌어안는 새로운 문화의 틀을 구상해볼 때가 아닐까?

번역에 대해 걱정했지만 다행스럽게도 서은혜 교수라는

더없이 좋은 번역자를 만날 수 있었다. 이 책에는 '번역의 불가능성'을 언급하는 장이 있다. 그런 까탈스런 책을 굳이 번역한다는 것은, 고생에 비해 남는 것은 별로 없는 작업임이 분명하다. 하지만 서 교수는 이 책을 번역하며 "어렵다"면서, 동시에 "정말 재미있다"고도 해주셨다. 요컨대 번역의 어려움과, 거기서 발견하게 되는 갖가지 어긋남을 즐기고 계셨던 것이리라. 이 책의 경우, 이야말로 이상적인 번역자의 자세라고 할 수 있을 것이다.

　마찬가지로, 독자 여러분께서도 이 책을 즐겨주시기 바란다. 그리고 여러분에게 이 책이, 국가·민족·언어·문화·생명·성 그리고 그밖의 여러가지 것들에 대해, 종래의 고정관념으로부터 스스로를 해방시키는 실마리가 된다면 다행이겠다.

서경식

　어렸을 때, 옛날 이와나미문고에서 나온 『조선동요선』이라는 책을 손에 들고 빨려들듯이 읽었습니다. 읽으면서 살아가는 일의 두려움, 이별의 슬픔, 제가 모르는 곳에서 저로 인해 죽임을 당하는 목숨이 엄청나게 많을 것이라는 예감에서 오는 고통, 그와 함께 느껴지는 불가사의한 시정(詩情), 유머, 날카로운 문학적 전략, 권위에 주눅들지 않는 건강함을 느꼈습니다.

　저는 와세다대학 러시아문학과를 졸업하고 곧 일본을 떠나 독일에서 살게 되는 바람에 동아시아와는 멀어져버렸지만, 송현숙이라는 화가와 알게 되면서 그녀의 그림 속에 있는 색채와 붓놀림 속에서 한국문화를 직접 만날 수 있었습니다. 그녀는 자신이 태어난 마을에 저를 데려가주었습니다. 그곳에서 누에고치를 보고 대나무를 보고 감나무를 보면서 저는 그것이 저 자신의 문화라고 말하고 싶어지는 오만함을 잊게 되었고, 또 한편으로 그것이 마치 저와는 직접 관계가 없는 문화인 듯 여기고 있던 저의 무지함이 우습기도 했습니다.

　독일에는 한국이나 일본의 화가라든가 무용수, 연극인, 학자 들이 적지 않게 살고 있습니다. 일본에 있을 때보다도 독일에 있는 편이 한국분들과 이야기할 기회가 훨씬 많다는 것은 기쁜 일입니다. 한국도 일본도, 독일 음악이나 문학에 대한 관심이 커서 독일을 하나의 만남의 장소로 생각할 수도 있습니다. 하지만 어째서 일본에서는 의외로 기회가 없는 걸까 하고 생각해보면 커다란 의문부호가 머리에 떠오릅니다. 쾰른 일본문화회관 초청으로 서경식씨와 함께 강연과 대담을 할 수 있었던 것도, 그러한 독일이라고 하는 콘텍스트 덕분이라고 하겠습니다.

　함부르크에서 베를린으로 이사한 2006년은 제 인생에서도 과도기였는데, 서경식씨가 저희 집에 놀러와주셨던 때는 마침 그런 시기였습니다. 그리고 그것이 왕복서한의 계기가 되었습니다. 그후, 서경식씨가 송현숙씨를 전부터 알고 계셨다는 사실을 알게 되었지요.

서한이 책으로 묶이고 그것이 한국어로 번역된다는 것은, 흙의 자양분 덕에 자란 나무에서 열매가 익은 후 그 열매가 다시 땅에 떨어져 씨앗을 돌려주는 것 같아 더없이 기쁩니다.

타와다 요오꼬

| 일본어판 서문 |

학생시절, 당구에 빠졌던 시기가 있다. 나는 숙달되지 못했고 야마모또(山本)라는 나쁜 친구에게 줄창 봉 노릇을 하면서 게임비를 뜯기곤 했다. 그러고 보니 이번 담당편집자도 야마모또(山本)씨다. 당구를 칠 때면 강약과 회전, 당구대에 쿠션을 먹일 때의 각도를 계산한다. 나아가 하나의 당구공이 차례차례 다른 당구공을 처낸 결과, 당구대 위에 어떤 배치로 남게 될 것인지를 예측한다. 그런 뒤에 당구공아 깨져라 하고 강타하거나 그야말로 숨결을 불어넣듯 살짝 치거나 한다. 하지만 생각대로 되지 않고 예측은 빗나가 쩔쩔맬 때가 많다. 그것이 또한 이 게임의 묘미이기도 하다. 그런 왕복서한이 되면 재미있으런만.

폴 뉴먼(Paul Newman)이 주연한 「허슬러」(The Hustler)

라는 영화는, 한 떠돌이 사내의 욕망과 초조감을 묘사한 수작이었다. 특히 장거리버스 대합실에서 고독한 여자를 만나, 질질 끌리듯이 빠져들어가는 부분은 잊을 수가 없다. 나중에 톰 크루즈(Tom Cruise) 주연으로 만들어진 속편은 천박했다. 타와다씨와의 당구가 천박한 것으로 끝나지 않기를, 지금 나는 대승부를 앞둔 젊은 허슬러와도 같은 심정이다.

서경식

왕복서한이라는 형식으로 연재를 한 일은 지금까지 없었다. 하나의 문학장르라고 생각하며 시작하려 한다. 밤이 깊은 것도 잊은 채 길고 긴 편지를 친구에게 썼던 기억은 대학 3학년 언저리에서 끝났다. 쓰고 싶은 일이 그렇게 많았는지, 아니면 쓰는 동안에 뭔가를 생각하기 시작해서 멈출 수가 없었는지 알 수 없다. 편지는 사물을 생각하게 하는 형식일지도 모른다. 그렇지만 누구에게도 보일 생각이 없는 일기와는 다르다. 처음부터 공공의 장에서 발언하는 에쎄이와도 또 다르다. 편지는 오로지 한사람만을 향해 씌어지지만 천천히 확실하게 불특정 다수의 사람들을 향해 열려가는 언어라고도 여겨진다. 편지라는 것에는, 정말 배달이 될지 어떨지 마음 졸이게 만드는 부분이 있다. 우표를 붙여 우체통에 넣으면서 불안하다. 그 또한 즐겁기도 한 것이다.

타와다 요오꼬

차례

한국어판 서문 4
일본어판 서문 10

첫번째 편지 집

지명에 매혹되신 일, 없으셨나요 16
— 서경식이 타와다 요오꼬에게

집이란 역사를 조망하는 전망대 같은 것입니다 26
— 타와다 요오꼬가 서경식에게

두번째 편지 이름

같다는 것의 의미가 무엇일까요 38
— 타와다 요오꼬가 서경식에게

역사가 할퀴어놓은 상처 48
— 서경식이 타와다 요오꼬에게

세번째 편지 여행

지금도 툭 하면 여행을 떠납니다 60
— 서경식이 타와다 요오꼬에게

움직임이 중단되는 순간 69
— 타와다 요오꼬가 서경식에게

네번째 편지 놀이

언어도 춤을 추기를 80
— 타와다 요오꼬가 서경식에게

그림 그리기 놀이에 빠져 있는 어린아이처럼 90
— 서경식이 타와다 요오꼬에게

다섯번째 편지 빛

이 모든 것이 있었던 일인지 있을 수 있는 일인지 102
— 서경식이 타와다 요오꼬에게

이것이 문명이 아니고 무엇일까요 114
— 타와다 요오꼬가 서경식에게

여섯번째 편지 목소리

어쩌면 저는 개일지도 모릅니다 128
　── 타와다 요오꼬가 서경식에게

모짜르트는 예민한 귀로 인해 고생했을 겁니다 138
　── 서경식이 타와다 요오꼬에게

일곱번째 편지 번역

어쩌면 그리 희망과도 같은지 150
　── 서경식이 타와다 요오꼬에게

닭의 마음을 먹는다니요 162
　── 타와다 요오꼬가 서경식에게

여덟번째 편지 순교

어째서 죽음을 찬양하는 문화가 생겼을까요 174
　── 타와다 요오꼬가 서경식에게

누구나 죽어야만 한다 184
　── 서경식이 타와다 요오꼬에게

아홉번째 편지 고향

'당신의 고향은 어디입니까'라는 질문 196
　── 서경식이 타와다 요오꼬에게

그 마을은 이미 존재하지 않는다 205
　── 타와다 요오꼬가 서경식에게

열번째 편지 동물

언어의 외부 216
　── 타와다 요오꼬가 서경식에게

그 작은 새는 어디로 갔지 225
　── 서경식이 타와다 요오꼬에게

일본어판 후기 236

젊은 시절, 여행을 하면서 탑승한 비행기가 이륙하면 가까스로 안도감을 느끼고
이대로 아무데도 착륙하지 않으면 좋을 텐데 하는 생각을 했었는데
그런 기분이 되살아났습니다.

첫번째 편지  집

지명에 매혹되신 일, 없으셨나요

서경식이 타와다 요오꼬에게

타와다 요오꼬씨, 오랜만입니다. 이곳 서울은 뜻밖의 따스한 날이 이어지더니만 어제부터 본격적인 한파가 밀려와 오늘 아침은 영하9도까지 떨어졌습니다. 베를린도 춥죠? 딱 반년 전, 짧은 여름이 끝나갈 무렵에 댁을 방문했던 일이 자꾸 떠오릅니다.

지난해 7월 14일, 우리는 쾰른 일본문화회관에서 '디아스포라와 예술'이라는 주제로 강연과 대담을 했습니다. 그때 당신이 명함 대신 메모를 주셨죠. 오랫동안 살았던 함부르크에서 베를린으로 이사한 지 얼마 안되었다고 했습니다. 그 메모에 '마야꼽스끼링크 ××번지'라는 주소가 적힌 것을 본 순간, 저는 온통 마음을 빼앗겼습니다.

지명에 매혹되신 일, 없으셨나요? 예를 들어 토오꾜오(東京)라면 '카미노게(上野毛)'. 애당초 카미노게라고 하는 울림이 별난데다가 '들야(野)'와 '털모(毛)'라는 두개의 한자가 어울리지 않아 재미있어서, 보고 있노라면 질리지 않습니다.[1] 쿄오또(京都)라면 '타다스노모리(糺ノ森)'[2]라든가, 좋잖아요? 더구나 권총자살한 시인의 이름이 붙은 그 마을이 당신의 표현대로라면 '옛 동베를린의 맨 안쪽'이라지 않습니까?

마야꼽스끼(Маяко́вский)라고 하면 저는 언제나, 그 독특하게 매서운 눈길을 떠올립니다. 그 신비스런 거리엔 날카로운 눈빛의 시인들이 밤낮으로 어슬렁거리고 있는 것일까? 그렇다면 혹시 만젤슈땀[3] 슈트라쎄(Strasse), 메이예르홀뜨[4] 플라츠(Platz) 같은 것들이 있을지도 몰라. 입 밖에 내어보니 둘 다 얼마나 멋진 발음인지!—마침 다음달 베를린에서 다른 강연이 예정되어 있어 저는 뻔뻔스럽게도 처음 만난 당신에

---

[1] 카미노게는 토오꾜오의 고급주택가를 가리키는 지명인데, 이름에 벌판을 의미하는 들야(野)가 들어 있는데다 털모(毛)의 일본어 음독 '게'는 상하계층(上下: 죠오게라고 발음)의 하층을 연상시켜 역설적인 느낌을 준다.
[2] 타다스노모리의 '타다스(糺)'는 따지거나 규탄한다는 의미를 지녀서 모리(森: 숲)라는 단어가 주는 평화로움과 대조된다. 역시 쿄오또 고급주택가 지명이다.
[3] 만젤슈땀(О. Э. Мандельштáм, 1891~1938): 러시아 태생 시인이자 에쎄이스트. 스딸린 집권기에 강제수용소에 수감되었다가 의문의 죽음을 당했다.
[4] 메이예르홀뜨(В. Э. Мейерхолъд, 1874~1940?): 러시아 태생 극작가이자 연출가, 배우로 기성연극 타파를 주장했으며 소련의 많은 혁명가와 예술가에게 영감을 주었다. 스딸린 집권기에 간첩 혐의로 체포되어 사형을 선고받았으나 죽은 날짜는 명확하지 않다.

게 이번 기회에 부디 댁을 방문하고 싶다고 청한 것이었죠.

8월 10일 저녁, 댁을 찾아갔습니다. 아파트 3층이었는데 천장이 무척 높고 복도엔 풀지 않은 상자들이 몇개나 쌓여 있었죠. 안내해주신 거실 겸 서재엔 책상, 의자, 책장 그리고 전기기타가 있었습니다. 우리는 그 거실바닥에 책상다리를 하고 앉아 차를 마시고 과자를 집어먹었습니다. '운송회사 사무실' 같은 인상. 저는 감동하고 있었습니다. 그렇구나, 타와다 요오꼬라는 이에게 '집'이란 이런 공간이었구나 하며.

얼마 후에 마침 비도 개서 우리는 산책을 나갔습니다. '우리'라고 하는 것은 당신과 저, 제 아내, 그리고 조선의 구전문학과 유럽의 서사시를 비교연구하고 있는 한국인 유학생, 그의 아내 일본인 여성, 이렇게 모두 다섯명입니다.

걷다보니 마야꼽스끼링크는 제 예상과는 다르더군요. 당신의 설명으로는, 그곳은 동독(독일민주공화국) 시절 일반시민으로부터 엄중하게 격리되었던 국가나 당의 고급간부들을 위한 전용주택지로 당신이 사는 아파트는 고급간부의 시중을 들던 직원들의 집단주택이었다지요. 그리고 보니 환상(環狀)도로 쪽으로 늘어서 있는 주택 한채 한채가 유겐트슈틸[5] 식도 있고 일본식도 있고 꽤나 개성적이었습니다. 아니 그보

---

5 유겐트슈틸(Jugendstil): 독일·오스트리아에서 아르누보 양식을 이르는 명칭으로, 이 운동의 기관지 「유겐트」에서 유래했다.

다는 오히려 일관된 취향이 결여되었다고 해야 할까요? 그 가운데 한채, 악취미의 그리스신전 같은 대저택이 있었는데 현재 소유주는 중국정부라고 했었죠. 조금 떨어진 곳에는 슈타지[6]가 사용했다는 정체불명의 암울한 건물도 있었습니다.

그후 우리는 기분 좋게 공원을 산책했고 차이꼽스끼 거리의 오래된 레스토랑에 들어갔습니다. 당신 집에 잠시 머물고 있던 미국 여성도 합류해 모두 여섯명이었습니다. 제가 주문한 것은 당신이 권한 '쏠랸까'라는 러시아식 수프. 플로어 한쪽에 당구대가 있었고 당신이 하자는 대로 식후에는 당구도 쳤습니다. 하긴 당구대는 2분의 1 싸이즈, 큐도 한자루뿐이었고 그나마도 구부러져 있었으니 암만해도 진짜 당구라고 할 수 있는 물건들은 아니었습니다. 그런데도 다들 얼마나 진지했던지! 그리고 얼마나 어설프던지! 재일조선인, 일본인, 한국인, 미국인으로 이루어진 그룹이 옛 동베를린의, 그야말로 한쪽 모퉁이에서 당구에 빠져 있다니! 온갖 것이 모조리 미스매치(mismatch), 그야말로 기묘한 여름의 하룻밤이었습니다.

저는 1983년부터 해마다 독일을 여행하고 있는데, 한국 국적이어서 독일이 통일될 때까지 동독에는 들어갈 수 없었습

---

[6] 슈타지(Stasi): 동독 국가공안국을 짧게 줄여 부른 말이다. 공안국 본부가 동베를린에 있었다.

니다. 동베를린은 물론 슈베린, 드레스덴, 라이프찌히 같은 도시는(거기 있는 모든 미술작품들도!) 저에게는 아무리 원해도 직접 볼 수는 없는 것들이었죠. 장벽의 서쪽에 갇혀 있던 저로서는 동쪽에 대한 상상만 무성해지고 있었습니다. 당시 서베를린에 일본인 친구가 살고 있었는데 그녀는 이따금 물가가 싼 동쪽으로 장을 보러 다녔습니다. 저는 그녀에게서 동쪽 이야기를 듣고 싶어 안달을 했지만 그녀가 들려주는 이야기는 언제나 막연하고 '현실감'이 없어 정말 답답했습니다. 그런데 우스꽝스럽게도 지난여름 제 발로 직접 찾아갔던 마야꼽스끼링크를 지금 떠올려보아도, 마치 연극무대 배경그림이나 한바탕 꿈처럼 여전히 '현실감'이 없는 겁니다.

독일이 통일되고 얼마 후인 1991년 여름, 처음으로 옛 동독지역을 여행했습니다. 자동차로 카를 맑스 슈타트에 가려고 했는데 아무리 달려도 이거다 싶은 도로표지가 보이지 않아 당황했던 기억이 납니다. 한참 지나고 나서야 그 도시의 이름이 이미 켐니츠(Chemnitz)라는 옛 지명으로 되돌려졌다는 것을 알았습니다. 독일에서 산 최신지도를 준비했었지만 지도의 개정이 현실의 흐름을 못 좇았던 것이지요. '지명을 뜯어낸다'고 표현하고 싶을 정도의 기세였으니까요. 이리하여 '카를 맑스 슈타트'라는 이름의 도시는 순식간에 과거로 날아가버렸지만, 카를 리프크네히트와 로자 룩셈부르크[7]의 이름은 아직도 남아 있습니다. 그래도 이 두사람은 독일 현대사에서 중요한 인물이지만, 마야꼽스끼는 그루지야 출신의 소련인이잖아요? 누가 어째서 이 거리에 마야꼽스끼의 이름을 붙인 건지, 왜 아직도 그대로인지 흥미진진합니다.

마야꼽스끼는 1930년 4월 14일, 모스끄바에서 자살했습니다. 카메야마 이꾸오(龜山郁夫)의 『책형의 러시아』에 따르자면, 이 사건은 '쏘비에뜨문화 전체의 불길한 앞길을 암시하는 조포(弔砲)'로 받아들여졌다고 합니다. 시인의 자살 이후 스딸린체제는 극한으로 치달았습니다. 하지만 마야꼽스끼는 스딸린이 1935년에 "쏘비에뜨시대의 가장 우수한, 가장 재능있는 시인"이라는 '재정(裁定)'을 내림으로써 보증을 받게 되었고 이를 기리기 위해 모스끄바 시내 '개선광장'도 '마야꼽스끼 광장'으로 개명되었다고 합니다.

그럼 그렇지, 그렇다면 이상할 게 없습니다. 시인에 대한 경의라든가 동경과는 관계없는, '스딸린의 보증'이라는 것밖에는 아무 의미 없는, 그저 오로지 관료적인 명명이었는지도 모릅니다. 그렇다고 한다면 강제노동수용소에서 죽은 만젤슈땀이나 숙청당한 메이예르홀뜨의 이름을 붙인 지명이 없는 것 또한 당연하다고 하겠지요.

---

7 카를 리프크네히트(1871~1919)와 로자 룩셈부르크(1871~1919)는 독일 사회주의 혁명가들로 1차대전 당시 반전운동을 전개하며 독일공산당의 전신 스파르타쿠스단을 조직하여 1918년 독일혁명에 참가했으나 1919년 1월, 무장봉기에 실패했고 둘 다 반공의용군 장교에게 학살당했다.

그런데 정작 모스끄바에서는 소련 붕괴 후 곧바로 마야꼽스끼 광장의 이름을 다시 옛 이름으로 돌려놓았다고 합니다. 불온한 시인의 이름은 베를린의 저 안쪽에서만 살아남았던 것이죠. 마야꼽스끼링크라는 지명에 몇겹으로 복잡하게 덧씌워진 현대사의 지층이 간신히 노두(露頭: 암석 광맥의 일부가 지표면에 나타난 곳)해 있는 것 같은 느낌을 받습니다.

지난여름 베를린에서 당신을 뵙고 9월초 서울로 돌아왔습니다. 저는 현재, 근무처인 대학에서 '국외연구'라는 기회를 얻어 한국에 장기체재중이거든요. 비행기를 갈아타기 위해 나리따공항에서 반년 만에 일본땅 위에 섰지만 공항에서 한발짝도 밖으로 나가지 않은 채 서울로 왔습니다. 일본에서 태어나 자랐고 그곳에 집과 일터가 있다지만, 그 장소와 저 자신을 이어주는 끈이라는 것이 정말로 가느다랗다는 사실을 새삼 실감했습니다. 그렇다고 해서 서울로 빨리 돌아가고 싶다든가, 독일에 더 있고 싶었다든가 하는 느낌도 아니었습니다. 젊은 시절, 여행을 하면서 탑승한 비행기가 이륙하면 가까스로 안도감을 느끼고 이대로 아무데도 착륙하지 않으면 좋을 텐데 하는 생각을 했었는데 그런 기분이 되살아났습니다.

에드워드 싸이드(E. W. Said)의 『고국 상실에 관한 성찰』이라는 에쎄이에 다음과 같은 구절이 있습니다.

추방자(exile) 생활의 대부분은 바닥 없는 상실감을 메우기 위해 마음대로 다룰 수 있는 신세계를 창조하는 데 소비된다. 많은 추방자들이 소설가라든가 체스선수, 정치가나 지식인이 되는 것은 놀랄 게 없다. 이러한 각각의 활동은, 물적 대상에는 최소한의 집착만을 보이는 대신 유동성과 기능에는 최대한 무게를 두는 것이기 때문이다.

여기서 말하는 '유동성'에 대한 경도는 당신도 해당될 것 같은데 어떠세요? '운송회사 사무실'이라는 것은 제멋대로의 확신을 표현한 것입니다. '정착'이나 '정주' 등에 관심이 없고 오로지 '마음대로 다룰 수 있는 신세계를 창조하는 데' 열중하고 있는 사람이라는 확신.

당신 작품에는 열차 컴파트먼트에 대한 묘사가 빈번히 나오는데 자택 같은 공간에 관한 기술은 아주 적다는 인상이 있습니다. 겨우 『엑소퍼니: 모어의 바깥으로 떠난 여행』의 「함부르크」라는 장에 "어쩌다가 열흘쯤 계속해서 집에 있으면, 집에 있다는 건 정말로 좋은 거구나 하고 사무치게 생각한다"고 되어 있지만, 그마저 '어쩌다가 열흘쯤'이죠? 당신에게 '집'이란 무엇일까요?

제가 어린시절을 보냈던 쿄오또 시내의 집은, 아버지가 경영하는 작은 공장과 창고에 붙어 있는 제법 큰 집이었습니다. 2층의 두칸은 아이들만의 해방구였고, 현관문은 서부극

놀이의 무대로 안성맞춤이었죠. 하지만 돌아보면 우리 일가가 그곳에 살았던 기간은 통산 10년 정도이니 인생 전체로 보자면 정말 짧은 시간일 뿐이었습니다. 1969년에 아버지는 파산했고 이 집은 다른 사람의 손에 넘어갔습니다. 마침 그때 저는 상경하여 대학에 진학했고, 한국으로 유학갔던 두 형은 결국은 오랜 옥중생활을 하게 됩니다. 그때, 건물로서의 '집'을 잃어버림과 동시에 부모형제가 어울려 사는 대가족으로서의 '집' 역시 끝이 난 것이죠. 조그만 집장수 주택[8]으로 옮겨간 아버지는 '정주' 시도에 실패한 디아스포라 1세로서 남은 인생을 한숨만 쉬며 보냈습니다.

현재 저의 집은 토오꾜오 교외 쿠니따찌(國立)시에 있습니다. 그런대로 편리한 아파트여서 식사를 하거나 잠을 자는 시설로는 불만이 없습니다만, 그 이상의 특별한 애착은 느끼지 못합니다. 서울에서 살고 있는 집은 이 나라에 흔해빠진 규격품 고층아파트로 21층 건물의 15층입니다. 창문이 커서 밝은 것은 좋은데, 높다랗게 쌓아올린 열대어 어항에서 살고 있는 것 같아서 아무래도 안정감이 없습니다.

싸이드는 앞서 인용했던 에쎄이에서 테오도르 아도르노(T. Adorno)의 저서(『미니마 모랄리아』)에 관해 말하면서 "아도르노의 성찰 배후에는 현재 존재하는 유일한 집(Home)이란,

---

8 집장수(建賣) 주택: 팔기 위한 목적으로 지은 집.

설령 아무리 연약하고 상처입기 쉽다고 하더라도, 저술 속에 존재하는 것이라는 신념"이 있다고 썼습니다. "심각한 아이러니와 함께", 아도르노는 이렇게 썼다고 합니다.

> 자기 집에서 편히 쉬지 않는다는 것은 도덕의 일부다.

편히 쉴 수 있는 '집'을 지니지 못한 저는 하다못해 아도르노의 '도덕'을 배우고 싶다고 생각합니다. 그럼, 감기 따위에 걸리시지 말고 부디 건강하시기를.

2007년 2월 1일

집이란 역사를 조망하는
전망대 같은 것입니다

타와다 요오꼬가 서경식에게

　이런 따뜻한 겨울은 처음입니다. 지난해 3월 함부르크에서 베를린으로 이사올 때는 날마다 눈이 내려, 겨울 햇빛이 풍경으로부터 입체감을 빼앗는 탓인지, 흰 벽의 표면이 비늘처럼 점차 벗겨져가는 듯이 보였습니다. 새 주소는 마야꼽스끼링크(아시다시피 동그란 거리라서 이런 이름이 붙었지만, 카따까나로 '린꾸'リンク라고 쓰면 어쩐지 이상해서 이하 '마야꼽스끼 거리'라 쓰겠습니다). 집을 나와 왼쪽으로 가서 보리스 빠스쩨르나끄 거리로 들어가면 차이꼽스끼 거리로 나오게 되니, 큰 눈이 내린 탓도 있겠지만 이름 때문에라도 마치 러시아에 와 있는 듯한 기분이었습니다. 5월, 6월을 프랑스에서 지내는 동안 무척이나 길고 덥고 밝던 여름을 보냈습

니다. 새집에 놀러와주셨을 때는 이사한 지 이미 몇달이나 지나 있었건만 집 안이 막 이사한 것 같았죠.

저는 세상에서 소위 말하는 '방랑시인'은 아니고 집에 있는 것을 좋아하지만 정신을 차려보면 언제나 여행을 하고 있으니 유감스럽게도 별로 집에 있을 틈이 없답니다. 여행을 하다보면 어떤 마을에 가서도 나는 이 마을에 살고 있는 건지도 몰라 하고 생각할 수가 있습니다. 하지만 사실은 그렇지 않다는 것도 알고 있습니다. 독일에는 과거 25년 동안 같은 체험을 나누어온 이들이 많이 살고 있고, 독일어 역시 저에게는 그만큼의 세월, 날마다 대해온 '저 자신의' 언어인 셈이죠. 요컨대 저에게 있어 '집'이란 가족도 건물도 아니고, 문화와 친구들로 이루어진 공간이라고 생각합니다.

자기 작품을 집이라고 느끼는 작가도 있는 모양이고, 저도 그렇게 느끼는 일이 없다고 하면 거짓말이 되겠지만, 그래도 완성되면 나가야만 하는 것이니 자신의 책이라는 것은 그다지 편안한 집은 아니죠.

베를린은 몇세대에 걸쳐 정주할 만한 곳은 아니고 역사의 돌풍에 언제 날아가버릴지 알 수 없는 도시입니다. 버려진 건물들이 텅 빈 동굴처럼 입을 벌리고 있어 그곳에 전세계의 그림쟁이니 쌕소폰 부는 사람, 무용수와 배우, 그밖의 온갖 이상한 장르의 예술가들이 모여들어 무언가 새로운 일을 할 수 없을까 밤낮으로 머리와 온몸을 비틀어대고 있는 듯한 곳입니다. 지금 마침 베를린영화제를 하고 있는데 2월은 연극도 많아서 매일 밤 폐허인지 극장인지 알 수 없는 공간들을 돌아다니며 온갖 형태의 무대예술을 기웃거리고 있습니다.

제가 처음 동베를린에 간 것은 1979년 와세다대학 시절입니다. 시베리아철도를 타고 모스끄바를 거쳐 다시 서쪽으로 가서, 동베를린에 열차가 닿은 때는 한밤중이었죠. 역에 경찰관이 잔뜩 있는 것을 보고 강도는 없겠군 하고 안심했던 저를 떠올리면 쓴웃음이 납니다. 페르가몬 박물관을 구경하고 카를 맑스 거리의 커다란 서점에도 갔었습니다. 설마 언젠가 제 자신이 '동베를린'에 살게 되리라고는 생각도 못했습니다.

기억하고 계실지 모르지만 제 서재 창밖을 보면, 비스듬히 왼쪽으로 회색 4층 건물이 보입니다. 회색으로 된 콘크리트 벽돌을 짜맞춘 건물인데 서쪽 사람들이 보면 금세 예전 공산권을 연상하게 되는 건물이지만 조그마해서 오히려 제겐 귀여운 느낌이 듭니다. 이 건물은 '폴란드 문화회관'으로 알려져 있지만 한동안 활동이 없다가 최근 다시 '폴란드 학술쎈터/베를린 역사쎈터'라는 새로운 간판을 달고 강연회 같은 것들이 열리는 모양입니다. 그 건너편으로는 3층짜리 싸우나 같은, 목조로 된 독특한 집이 보입니다. 공터였던 곳에 작년에 세워졌는데 태양열을 이용한 친환경 프로젝트 건축물이라고 합니다. 저는 이 두채의 건물이 마주서 있다는 것이 재미있어 자주 바라보곤 합니다. 동유럽적 문화 vs 환경보호.

태양열건물 건너편에 있는 멋들어진 빌라는 몇년 전까지는 '문학공방'(Literatur Werkstatt)이라는 문학쎈터였는데, 생각해보니 장벽이 무너지고 나서 제가 처음으로 왔던 동독지역이 바로 이곳이었습니다. 원래는 유대인 가족의 소유물로 장벽이 무너진 뒤 얼마 후에 반환되었고 문학공방은 다른 곳으로 옮겨졌습니다. 판코우(Pankow)에는 유대인도 꽤 살고 있었던 모양입니다. 이미 눈치채셨겠지만 저에게 있어 지금, 집이란 역사를 조망하는 전망대 같은 것입니다.

'장벽이 무너지다'라는 표현은 생각해보면 우습죠. 지진으로 집의 벽이 무너진 것이 아니니까요. 독일어로는 '마우어팔'(Mauerfall)이라고 하여 '마우어'는 외벽이나 담, '팔'은 함락 등을 포함하여 넓은 의미에서 '떨어지다'라는 뜻입니다. 1989년의 사건을 '벤데'(Wende)라고 부르는 사람도 있습니다. '방향전환'이라는 뜻인데 저 같은 경우는 회전문을 연상하게 됩니다. 자칫하다가는, 건물 안으로 들어갈 작정이었는데 다시 밖으로 나와버리게 되는 거죠. '비더페어아이니궁'(Wiedervereinigung)이라고 하는 말도 상당히 일반적입니다. 재통일이라는 거죠. '원래 독일은 하나'라는 전제에 서 있는 것처럼 들리니까 잘 생각하면 이상한 말입니다. 역사적으로 보아도 통일국가로서 독일의 역사는 길지 않고 독일어권은 지금도 복수의 국가로 이루어져 있어서 그 때문에 독일어 문화가 약화될 리도 없으니 굳이 독일이 하나여야 할 필요성은 없는 듯합니다.

집을 나와 오른쪽으로 가면 '요하네스 베허의 집'이라는 낡은 간판이 나오는데, 보셨습니까? 베허(J. R. Becher)는 동독정부가 공인한 작가로 라이프찌히에 있는 작가 양성 전문학교에도 그의 이름이 붙었고 통일 후에도 한동안 '요하네스 베허 인스티튜트'라고 불렸습니다. 동독에서 유일하게 '문예창작'이 직업교육으로 행해지던 장소라고 해도 좋겠지요. 저와 동년배인 작가 B씨는 이 학교에서 공부하고 통일 후 서독의 출판사에서 책을 냈습니다. 특별히 정치활동을 한 것도 아니건만 동독이 붕괴되고 나서 비밀경찰의 서류를 보니 자신을 위험시하는 보고서 파일이 4권이나 있어서 엄청난 충격을 받았다며, 동베를린 더구나 판코우구(區) 같은 곳에 좋다고 살고 있는 제 속을 모르겠다며 고개를 흔듭니다. "그런데 살다니. 벽에 도청장치라도 묻혀 있는 거 아냐?" 하는 말에 '벽에도 귀가 있다'는 속담이 생각났습니다. 하지만 비밀경찰이 작가에게 가한 가장 큰 마음의 타격은, 집 벽뿐 아니라 실은 친구들조차 너를 염탐하고 있었던 거야 하고 알린 것이겠지요.

성공원(城公園)을 함께 산책했었죠? 마야꼽스끼 거리 동쪽에는 이 거대한 공원이, 서쪽으로는 역시 넓은 시민공원이 펼쳐져 있습니다. 시민공원에는 옛날 동독 시절 인쇄된 그림엽서에서 걸어나온 듯한 '시민'이 아이들을 데리고 한가로이 산책을 하고 있습니다.

　물론 근처에는 으스스한 건물들이며 부서진 채 남아 있는 공장의 폐허들도 있습니다. 제가 이리로 이사한 것은, '나선(螺線)관'이라는 극단 분들 덕택이지만 옛날부터 서베를린에 살았던 친구들은 "뭐? 판코우구?" 하며 눈살을 찌푸립니다. 냉전시대에 '소련정부가'라고 하는 대신 '끄레믈린에서는'이라고 하던 것과 마찬가지 용법으로 동독정부의 의향을 표시할 때 '판코우에서는'이라고 했다는군요. '판코프'라고 하는 사람도 있었다고 합니다. '코프'라고 하는 편이 슬라브적으로 들리기 때문이겠지요.

　「타인의 삶」(Das Leben Der Anderen)이라는 영화가 일본에서 개봉했을까요? 이 영화를 보면서 저는 생활공간이라는 것에 관해 절절히 생각하게 되었습니다. 영화 등장인물 중에 동독 비밀경찰로 일하는 독신남성의 아파트 느낌이 제 집과 어쩐지 닮아 있거든요. 제가 사는 건물은 100년쯤 전에 지어져 동독시대에 증축된 것입니다. 기능성을 고려해서 장식을 배제한 근대적인 설계일는지 모르지만 어딘가 불안한 느낌이 있습니다. 마치 30년대 아방가르드이면서, 자칫 바로 앞에서 길을 잘못 들었더라면 파시즘 쪽으로 기울지 않았을까 싶은 그림이 있잖아요? 그건 그야말로 마야꼽스끼 시의 울림에 있는, 두가지 미래를 포함하는 위태로움일지도 모릅니다.

　그와는 대조적으로 같은 영화에 나오는 시인의 생활공간

은 천장이나 가구에 장식이 있고, 제멋대로 어질러진 서재에는 피아노도 있고, 거실에서 와인병을 열면, 가구와 마찬가지로 멋진 취향의 연인도 떡하니 나타나 거처 그 자체가 벌써 에로틱하고 로맨틱한 거예요. 부르주아계급의 쾌락을 자신은 빼앗겨버린 것으로 질투하면서도 결국에는 그것을 지켜주는 꼴이 되어버리는 볼품없는 비밀경찰의 모습이 정말이지 애절한 영화입니다. 물론 실제로 비밀경찰의 피해를 입은 시인들에게는 용서할 수 없을 정도로 인공감미료가 첨가된 영화로 굳이 이 영화 그 자체를 칭찬하고픈 건 아닙니다만.

저는 '부르주아'라는 낱말은 전부터 알고 있었지만 그 말을 피부로 실감한 것은 냉전이 끝나고 나서입니다. 그것은 생활 구석구석 세부에 깃든 씨스템이며 많은 이들에게 있어 아무리 몸부림쳐도 내려놓을 수 없는 거대한 짐입니다. 내려놓았다가는 쾌락 없는 삶을 강요당하게 되는 구조로 되어 있는 거죠. 그러한 부르주아문화에 대한 저항은 제가 독일에 왔던 80년대만 해도 아직 남아 있어서 (이미 그 저항운동은 히피운동이나 학생운동이 아니라, 오히려 환경운동이나 페미니즘 같은 형태를 띠고 있었지만), 부모자식으로 이루어진 '가족'이라는 형태로 함께 지내는 것은 이상하다고 해서 주거공동체를 따로 만들어 살고, 육식은 야만이라면서 채식주의자가 되고, 직장인은 자유롭지 않으니 일부러 실업수당으로 살고, 자동차는 착취와 환경파괴의 원흉이라면서 자전거를 날마다 몇시간씩 타고 다니고, 부르주아 가구는 싫다면서 쏘파니 침대 따위를 버리고 이불 위에서 자며, 크리스마스를 축하하는 것을 그만두고 라즈니쉬라든가 달라이라마 설교집을 읽고, 대중 세뇌기 텔레비전을 버리고, 드레스니 양복을 버리는 그런 식으로 사는 독일인이 많았습니다.

하지만 냉전이 끝날 무렵부터는 열심히 따라잡지 않으면 뒤쳐진다는 분위기가 생겼고, 그 대신 잘만 하면 전보다 돈을 더 벌게 되니 예술가도 연구자도 모두들 자신의 노동을 효율적으로 팔아넘기는 일에 전념하기 시작했는데, 정신을 차려보니 어떻게 되어 있던가요? 어느 틈엔가 모두들 조부모로부터 물려받았다는 부르주아 가구들이 꽉 들어찬 거실에 앉아 남몰래 혼인신고도 끝낸 상대와 함께 또스까나에서 사온 와인을 마시고 있지 않겠습니까? 생활공간은 이제 부르주아의 냄새가 풀풀 납니다.

최근에 맑스와 엥겔스의 『공산당선언』 낭독 씨디를 흘러간 샹송 씨디와 함께 늘어놓고 팔기에 사다가 들었는데 그 독일어의, 타악기 같은 힘찬 아름다움이 가슴을 치더군요. 옛날엔 선언문 따위는 문학이 아니라고 생각했지만 『초현실주의 선언』[9]을 보면 알 수 있듯이 선언문도 재미있는 장르입니다.

---

9 『초현실주의 선언』(*Le Manifeste du surréalisme*): 프랑스 작가 앙드레 브레똥이 초현실주의 운동의 의의와 목적을 알리기 위해 작성한 선언문으로, 1924년에 책으로 출간됐다.

'단결하라' 같은 메씨지 중심으로 듣는 것은 잘못이고 전체를 듣는 것이죠. 제가 감동한 것은 이 선언 속에서 몇번이고 있는 힘을 다해 '부르주아지'라는 북의 가죽을 두드리고 있는 언어와 사고의 리듬입니다. 분석의 정확함이 전제되는 음악이지만 어쨌든 두드리면 두드릴수록 울려퍼지는 부르주아지, 도대체 무엇일까요? 일본에서도 '이긴 편, 진 편' 하는 아이들의 말을 써서 부르주아가 되었는지 못 되었는지를 문제시하는 것이 최근에 유행하고 있다면서요?

맞아, 지난번 오셨을 때는 동독 시절부터 있었던 '차이꼽스끼 에크'에 모두 함께 갔었죠?

이번에 오시면 꼭 '까페 마야꼽스끼'에 갑시다. 여기는 내부장식이 아름답고 값은 조금 비싸지만 음식이 정말 맛있습니다. 판코우에 되살아난 부르주아 쾌락의 전형일지도 몰라요. 주변엔 "그딴 곳, 서쪽 사람이 들어와서 하고 있는 레스토랑이잖아요?" 하며 경멸하는 사람도 있고, 메뉴에 인쇄되어 있는 마야꼽스끼의 얼굴은 어쩐지 화가 나 있는 듯이 보이긴 합니다만.

2007년 2월 14일

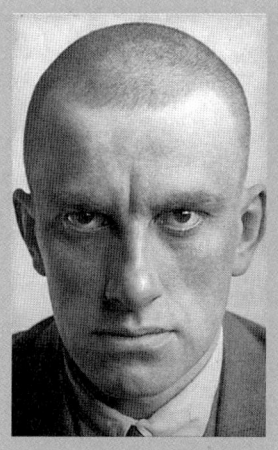

블라지미르 마야꼽스끼
(Владимир В. Маяковский, 1893~1930)

타와다가 터키말로는 '프라이팬 안에서'라는 의미라는군요.
요컨대 이 이름을 매달고 지구를 떠돌다보면 더욱 다양한 의미를
만날 수도 있는 것이죠.

두번째 편지  이름

같다는 것의 의미가
무엇일까요

타와다 요오꼬가   서경식에게

　인도계 미국인 작가 줌파 라히리(Jhumpa Lahiri)가 쓴 『이름 뒤에 숨은 사랑』(*The Namesake*)이라는 소설을 읽어보셨습니까? 이 소설에는 인도계 미국인으로 '고골'(Gogol)이라는 독특한 이름의 주인공이 나옵니다. 고골이라는 이름은 러시아 작가의 이름으로 유명하지만 미국 이름으로는 꽤나 별납니다. 소설 속 고골의 양친은 미국 보스턴에 살고 있었는데 아이가 태어나면 굳이 인도에 사는 아이들 할머니에게 작명을 부탁했답니다. 벵갈지방에는 아이가 태어나면 할머니가 아이 이름을 짓도록 하는 관습이 있다는군요. 그런데 이 할머니가 이름을 써서 보내온 편지가 도중에 사라져버렸습니다. 부모는 다음 편지를 기다리려 했지만 병원에서는 퇴원하기 전에 이름을 등록해야만 한다고 했지요.

그래서 아버지가 생각해낸 이름이 고골이었습니다. 고골은 그에게 있어 단지 좋아하는 작가이기만 한 것이 아니라 생명의 은인입니다. 고골의 아버지는 젊어서 인도에서 아주 큰 철도사고를 당했습니다. 사고현장에 구조대가 도착했을 때는 어둠 속에 부서져 있는 열차의 차체와 산더미 같은 시신들 옆에 기절해 쓰러져 있었다는군요. 마침 구조대의 회중전등 빛이 비친 순간, 손에 들고 있던 찢긴 책장을 툭 하고 땅에 떨구는 것이 구조대원의 눈에 띄어 살아난 것입니다. 그것은 사고가 일어나기 전 열차 안에서 읽고 있던 러시아 작가 고골의 소설 『외투』의 한페이지였습니다.

그의 부인도 이 이야기를 들어 알고 있어서, 할머니가 붙인 진짜 이름이 도착할 때까지 갓난아기에게 우선 '고골'이라는 이름을 붙이는 것에 반대하지 않았습니다. 그런데 할머니는 이미 연세가 높아 다음 편지를 쓰기 전에 뇌출혈을 일으키는 바람에 아이는 고골이라는 이름이 붙은 채 자라게 됩니다. 러시아 소설가 도스또옙스끼가 했다는 유명한 말 중에 "우리는 모두 고골의 '외투' 속에서 태어났다"는 말이 있어 이 소설 속에서도 인용됩니다만, 이 아이는 정말 외투 속에서 태어난 셈이죠.

미국의 아시아계 이민 2세, 3세 들의 이름은 존 김이니 켄트 나가노 하는 식으로 성은 아시아 성이면서 이름은 미국이름인 경우가 많죠. 물론 아시아식 이름을 붙여도 되고 유럽과는 달리 '평화'(peace)라든가 '사랑'(love)이라든가 하는 보통명사를 이름으로 쓰는 것도 허용됩니다만, 작명이라는 것이 아무리 자유롭고 법적인 제약이 없더라도 아이에게 우끄라이나인의 이름을 붙이는 인도인 부모는 없지 않을까요? 고골은 어린시절엔 별난 이름 때문에 힘들어하지는 않았습니다. 아니 오히려 '고 라이트' '고 레프트' 하는 교통표지판을 보면서 거기에 자기 이름이 들어 있는 것을 발견하고 기뻐하곤 했대요. 주로 어린아이나 시인 들이 길을 걷다가 어떤 낱말을 발견하고 기뻐하는 법입니다만, 이 경우도 자기 이름을 발견하고 기뻐한 것이죠.

그런데 사춘기에 접어들어 여자아이에게 흥미를 느끼면서 자신의 이름이 대충 지어진 것 같아 싫어졌습니다. 인도 이름이었다면 자신의 부모가 어디에서 왔는지를 알 수 있을 것이고, 미국이름이라면 자신이 지금 살고 있는 나라의 일부라는 게 되잖아요?

미국은, 자신이 원래 다른 어디에선가 왔으며 지금은 이 나라 즉 미국에 소속되어 있다는 의식으로 정초된 나라이니 어디에서 왔는가 하는 것과도, 지금 어디에 소속되어 있는가 하는 것과도 관계가 없는 이름을 갖는다는 것은 미국이라는 개념을 간접적으로 부정하는 것처럼 여겨지기도 합니다.

이름이란 그 사람의 '사적 소유물'이긴 하지만 본인의 마음속에서 생겨난 것은 아닙니다. 어딘가에 이미 있던 이름을 부모가 찾아다가 태어난 인간에게 붙인 것이 이름입니다. 이름은 붙여지고 나서 그것에 익숙해져 쓰는 동안에는 자신의 일부인 듯한 느낌이 들게 되지만 어느 땐가, 예컨대 이름이 바뀔 때 같은 경우, 자신의 이름도 남의 이름처럼 느끼게 돼 버린 적이 있었다는 사실을 떠올리는 사람도 있겠지요.

예를 들어 제 이름도 알파벳으로 쓰는 것만으로 벌써 남의 이름 같은 기분이 듭니다. 알파벳으로는 '요오꼬'의 '요오'에 어떤 한자를 쓰는지 모르게 되고 따라서 의미를 잃어버리죠. 해외에서는 아직도 '요오꼬'라는 이름을 들으면 "아아, 요코 오노와 같네요" 하는 사람들이 곧잘 있는데, 알파벳으로 쓰면 태평양의 양(洋)이나 나뭇잎의 엽(葉)이나 같아져버립니다.[1] 저에게는 '엽'과 '양'은, 의미라기보다 이미지가 전혀 다르다는 것이 마음에 걸리죠.

또한 이름과 성의 위치를 바꾸는 것만으로도 전체의 울림이 달라져버립니다. 미국에서도 (헝가리를 제외하면) 유럽에서도 성이 아닌 이름을 먼저 말하죠. 최근, 일본문학 연구자 같은 경우 일본인의 이름일 경우엔 성을 먼저 말하지만 일반인이 그것을 듣는 경우 혼동이 일어나니까 저는 그렇게

---

[1] 요코 오노(Yoko Ono)는 가수 존 레넌의 아내이자 행위예술가로 유명하다. 일본식 이름은 오노 요오꼬(小野洋子)이다. 이름에 들어간 한자 양(洋)과 타와다 요오꼬(多和田葉子)의 엽(葉)은 일본어에서 모두 '요오'로 발음된다.

하지 않습니다. 그래서 요오꼬 타와다라고 말하는데 순서를 뒤집는 것만으로 울림이 완전히 달라집니다.

물론 일부러 자기 이름을 뒤집어놓는 사람도 있긴 합니다. 예를 들어 독일어로 시를 쓰는 유대인 작가로 제가 존경하는 파울 첼란(Paul Celan)은 본명인 안첼(Antschel)에 들어 있는 두개의 음절을 뒤집어서 첼란이라는 필명을 만들었지요.

이름이란 경계를 넘을 때 변모하는 것이 아닐까 생각합니다. 언어와 언어 사이의 경계뿐 아닙니다. 삶과 죽음의 경계를 넘어서 법명(法名: 죽은 이에게 주는 불교 이름)을 받는 경우도 있습니다. 양자로 들어가거나 결혼을 하거나 새로이 어떤 종교에 귀의하여 이름이 변하기도 합니다. 성전환을 해서 여자이름을 남자이름으로 바꾸는 일도 있습니다. 옛날 무사(사무라이)시대에는 성장하고 나서 어른의 이름을 부여받는 일도 있었습니다. 현대에 그와 같은 일을 겪는 것은 물고기뿐일지도 모르지만.[2]

소설이 번역됨으로써 등장인물의 이름뿐 아니라 작가의 이름까지 변하기도 합니다. 예를 들면 체호프(А. Чехов, チェーホフ)의 이름을 카따까나로 쓰면 실제로는 있지도 않은 모음이 중간에 들어가 일본화돼버린답니다. 이 경우는 일본어 독자들이 그렇게밖에 발음할 수 없으니 이름을 일부러 바

---

2 예컨대 '노가리'가 '명태'가 되듯이 성장에 따라 이름이 바뀌는 일.

꾼 건 아닐지 모르지만, 만약 본인이 일본어로 쓰인 자신의 이름을 보거나 듣는다 해도 그것이 자신을 가리킨다는 것을 모르겠지요.

번역된 책에 만족하느냐고 작가에게 묻는 사람이 있지만, 작가는 자신의 작품 앞에 서 있는, 눈이 안 보이는 문지기일지도 모릅니다.

번역문학의 경우와 달리, 이민문학의 경우엔 작가는 스스로 자기 이름을 바꿔 씁니다. 키릴문자라든가 한자를 라틴알파벳으로 바꾸는 것뿐 아닙니다. 예를 들자면 미국인 작가 리비 히데오(リービ英雄)의 경우, 카따까나와 한자로 이름을 바꾸었지만 '히데오'는 원래 필명이 아니랍니다. 처음에 이야기했던 소설에 나오는 고골의 아버지와 조금 닮아 있다고도 할 수 있죠. 가계나 국적이라든가 인종이 아니라, 자신이 개인적으로 관련되게 된 문화로부터 이름을 따다가 아버지가 아들에게 붙인 거니까요.

자신이 어디에서 왔는가 하는 의문에 족보밖에 떠올릴 것이 없는 사람이라면, 조상 가운데 일본인이 한사람도 없는데 일본이름을 붙이는 것은 이상하다고 생각할지도 모릅니다. 하지만 자신이 살던 나라나 관심을 가지고 공부했던 문화를 자신의 뿌리라고 생각하는 경우, 거기서 이름을 따와도 이상할 게 없는 것이죠.

리비 히데오는 젊은 시절 일본에서 레비스트로스(Levi-

Strauss)를 읽었는데 물론 일본어로 읽었으니 레비스트로스의 '레비'가 자신의 '리비'와 같은 이름이라고 금세 깨닫지 못했었다는 이야기를 한 적도 있습니다. 만일 알파벳으로 이 이름을 보았더라면 금세 알아차렸을 거예요. 레비스트로스는 문자를 지니지 못한 문화에 관한 연구 같은 것도 했지만 설마 이런 일이 있으리라고는 생각도 못해봤을걸요.

알파벳은 표음문자라고 하지만 카따까나처럼 철저한 표음문자는 아닙니다. 예를 들어 미국에서 '마이클'(Michael)이라 불리는 이름은 독일에도 있지만 같은 철자라도 독일에선 '미하엘'(Michael)이 되지요. 이 두가지 이름을 카따까나로 보았을 때, 그것이 같은 이름인지 다른 이름인지 알 수가 없습니다. 애시당초 같다고 하는 것의 의미가 무엇일까요?

생각해보면 바로 최근까지 일본에서는 다들 무의식중에 작가의 이름을 크게 두 그룹으로 나누어 보아왔던 것이 아닐까 싶습니다. 한쪽은 한자로 쓰인 이름, 다른 하나는 카따까나로 쓰인 이름입니다. 일본인을 포함하여 동아시아인의 이름만이 한자로 쓰이고 아프리카라든가 미국, 유럽을 비롯하여 동남아시아니 인도, 이슬람권 등 모든 '기타' 지역 작가의 이름은 카따까나로 쓰여졌던 것이죠.

한국인이나 중국인의 이름을 한자로 써서 그것을 일본어로 읽는 건 적절치 못하다는 의식이 퍼진 것은 1975년의 이찌엔 재판[3] 때라고 해도 좋겠지요. "우리는 프랑스인의 이름 역시 일본식으로밖에 읽지 않고, 프랑스인 역시 일본이름을 프랑스식으로 발음하고 있으니 그걸로 된 것 아니냐?"라는 학자도 있긴 했지만, 이것은 역사성을 무시한 언어학이죠. 일본어 강제를 포함해 식민지화의 역사를 완전히 없었던 것으로 하고 싶어하는 일본의 태도가 계속되는 한, 이름을 일본식 발음으로 읽는 것도 무지나 무신경의 표현일 수밖에 없다고 생각됩니다만.

언어학자 타나까 카쯔히꼬(田中克彦)가 『법정에 선 언어』에서 그 이야기를 하고 있는데 재미있는 주장은 모든 이름은 표음문자로 쓰는 편이 좋다, 최종적으로는 일본인의 이름을 쓸 때도 한자는 쓰지 않는 편이 좋다고 하는 의견입니다. 처음에 읽었을 때는 찬성할 수 없더군요. 일본 학교에서는 한자 시험만큼 자신없는 것이 없었지만 해외에 살다보면, 한자가 재산처럼 여겨져, 버리고 싶지 않아지는 겁니다. 이름은 카따까나로 쓰면 금세 어떻게 발음하면 되는지를 알 수 있으니까 하는, 타나까 카쯔히꼬의 명쾌한 의견도 엄청난 반대를 받은 적이 있는 모양입니다. 이름 읽는 법을 멋대로 바꿔버리는 것은 인격에 상처를 입히는 일이라는 것 이상으로, 이름이 한자가 아니게 되어버리면 인격이 없어져버린다고 느끼는 사람

---

3 이찌엔 재판(一円裁判): 1975년 재일조선인 목사 최창화(崔昌華)가 자신의 이름을 '사이 쇼오까'라고 일본어로 읽은 NHK방송을 상대로 제기한 소송. 배상금액을 일본화폐의 최소단위인 1엔(一円)으로 하였으므로 이런 이름으로 불린다.

도 있는 모양입니다. 한자를 쓸 수 있는 자만이 학문을 할 수 있다고 하는 유교적인 편견 역시 지금도 우리는 어딘가 가지고 있습니다. 또한 한자로 이름이 쓰여져 있는 편이 성실하고 믿음직한 이미지가 있어 신용을 얻습니다.

하지만 타나까 카쯔히꼬는 이런 재미있는 이야기를 썼습니다. 이름이 보통명사와 다른 점은 시간이 지나면서 의미를 잊어버리게 된다는 사실이다, 설령 의미를 알고 있더라도 쓰면서 의미를 잊게 된다, 그게 좋은 것이다 하는 거죠. 이것은 정말 재미있다 싶었습니다. 예를 들어 독일인에게 곧잘 있는 슈미트(Schmidt)라는 성도 원래는 '대장장이'라는 의미였지만, 슈미트씨 하고 부르면서 대장간을 생각하는 일 같은 건 없는 거죠. 쿠미꼬(久美子)씨, 하고 부를 때마다 이 사람은 언제까지나 아름다울 거야 하고 생각한다든지, 켄(賢)씨 하고 부를 때마다 '이이는 영리해'라고 생각하고 있다간 지쳐버리겠죠. 베트남에선 이미 오래전에 한자 쓰기를 그만두었는데, 베트남사람에게 "이 이름의 의미는?" 하고 물으면 사람에 따라 대답이 다를 때가 있습니다. 만약 일본도 지금 한자를 폐지한다고 치고 3대쯤 지나서 "요오꼬라는 이름의 의미는 무엇인가요?" 하고 물으면 널따란 바다〔洋〕라는 뜻이라고 대답하는 사람도 있을 것이고 관용〔容〕이라는 의미라고 대답하는 이도 있을 것이며 나뭇잎〔葉〕이라고 대답하는 사람도 있겠지요.[4]

타나까씨가 이름의 발음이 자본이라면 그 의미는 이자 같은 것이라고 썼던 것은, '발음만 남아 있다면 의미는 덤이니 늘기는 해도 줄지는 않을 것이다'라는 식으로 해석할 수도 있는 것 아닐까요?

 그렇게 생각해본다면 제 경우 역시 요오꼬라는 이름을 알파벳으로 쓰면(Yoko), 나뭇잎이라는 의미는 잃어버리지만 그 대신 알파벳의 '오'(O)라는 문자가 두개 나타납니다. 덕분에 역시 '오'라는 문자가 둘 들어 있는 '고골'이라는 이름과 새로운 친척관계가 만들어지는 겁니다.

 독일에는 독일어로 소설을 쓰는 외국인 작가가 적지 않게 있고 그 가운데서도 터키계의 비율이 높습니다. 덕분에 문학축제 같은 때, 저의 '타와다'라는 성을 듣고 웃음을 터뜨리는 이들도 많습니다. 타와다가 터키말로는 '프라이팬 안에서'라는 의미라는군요. 요컨대 이 이름을 매달고 지구를 떠돌다보면 더욱 다양한 의미를 만날 수도 있는 것이죠. 새로운 의미의 등장에 가슴을 두근거리며, 이름의 변천을 즐기며 언어에서 언어로 앞으로도 여행을 계속하고 싶다고 생각하고 있습니다.

2007년 3월 2일

---

4 양(洋), 용(容), 엽(葉)은 모두 일본어로 '요오'라고 발음한다.

역사가 할퀴어놓은
상처

서경식이 타와다 요오꼬에게

타와다 요오꼬씨, 이상난동(異常暖冬)도 끝난 건가 생각했더니 서울은 추위가 되돌아왔습니다.

지난달 편지, 감사합니다. 당신 댁 옆에 '보리스 빠스쩨르나끄[5] 거리'가 있다는 것. 흐음, 그렇다면 마야꼽스끼의 이름은 스딸린의 보증이 있어서 동베를린의 지명으로 쓰였을 것이라는 저의 가설은 일찌감치 흔들리는군요. 빠스쩨르나끄가 스딸린의 마음에 들었을 리는 없으니까요.

---

[5] 보리스 빠스쩨르나끄(Б. Л. Пастерна́к, 1890~1960): 구소련의 시인이자 소설가로 『닥터 지바고』가 그의 대표작이다. 1958년 『닥터 지바고』가 노벨문학상 수상작으로 결정됐으나 러시아혁명을 비판하는 내용이 담겨 있다는 이유로 소련정부가 이에 압력을 가하자 수상을 포기했다.

주신 편지에 "집이란 역사를 조망하는 전망대 같은 것"이라는 부분을 읽고, 젊은 시절 토오꾜오 변두리에서 보았던 영화의 한장면이 생각났습니다. 조직에서 발을 씻고 야꾸자와는 무관한 평범한 애인과 동거를 시작한 건달녀석이 두칸짜리 아파트의 뒤창을 열고 툭 하고 내뱉은 대사.

"여기선 아무것도 안 보이네."

영화의 주인공은 결국 애인과 헤어져 암흑가로 되돌아갔고, 주연했던 배우도 요절했습니다. 저는 굳이 이런 영화의 팬은 아니고 제목도 잊어버렸습니다만, 이 대사만은 기억에 남아 있습니다. 아마 당시 제 기분에 맞았던 것이겠지요. 70년대말이었다고 생각합니다. 정말이지, 아무것도 보이지 않았습니다.

지금 제가 사는 방의 창문으로 보이는 것은 산을 깎아 조성한 공원에서 시민들이 열심히 건강증진에 매진하는 모습입니다. 이 산은 '와우산(蝸牛山)'이라고 하는데, 실은 70년대 후반 부실공사로 고층아파트가 붕괴됐던 큰 사건의 현장입니다. 그 사건은 박정희 개발독재정권의 적당주의와 난폭함을 상징하는 기호로서 전해져왔습니다. 우연히 그런 유명한 장소에 살게 된 저는 "와우산의 고층아파트에 살고 있어요"라고 자기소개를 할 때마다 마치 "사상누각에 살고 있습니다" 하고 말하는 듯한 기분이 듭니다. 내일을 알 수 없는 우리 신세의 불안함을 드러내는 재치있는 농담 같아서 혼자 재미있어 하지만, 이 나라에서도 젊은이들은 "그래서 어쨌다고?" 하는 식이니 별로 인기는 없습니다.

자, 이번 편지 주제는 '이름'이군요. 리비 히데오의 성이 알파벳 표기로는 'Levi'였다는 것은 저에게도 맹점이었습니다. 리비 히데오가 레비스트로스의 '레비'와 자신의 '리비'가 같다는 사실을 금세 알아차릴 수 없었던 것처럼 저는 그와 쁘리모 레비(Primo Levi)의 성이 같다는 것을 깨닫지 못했었죠. 일본어에 멍하니 몸을 맡기고 있으면 이런 일이 벌어지는군요.

아시다시피 쁘리모 레비는 전후 이딸리아 작가로 『이것이 인간인가』라는 저서로 유명한, 나찌수용소의 생존자입니다. 생환 후, 저술활동을 통해 평화를 위한 증인의 역할을 담당해왔던 그는 1987년 또리노의 자택에서 자살했습니다. 저는 그의 묘를 찾아 또리노까지 갔었고 『시대의 증언자, 쁘리모 레비를 찾아서』라는 책을 쓴 적이 있습니다. 2002년에는 그의 발자취를 그린 텔레비전 다큐멘터리를 제작하기 위해 제작팀과 함께 또리노를 다시 찾았습니다. 그때 그의 사촌동생이라는 여성이 밀라노에 살고 있다는 귀중한 정보를 얻어 인터뷰를 하러 갔습니다.

그 여성은 정말 레비라는 성을 가졌고, 창문으로 밀라노대성당 탑이 바로 보이는 주택가의 고급맨션에 살고 있었습니다. 널따란 거실바닥에는 얼룩말 가죽이 깔려 있고 오리엔탈리즘 취향의 미술품이 쫙 늘어서 있더군요. 영화에서나 본 듯한 제대로 된 부르주아의 방이었어요. 나이든 그녀는 이 방에서 혼자 살고 있었습니다.

인터뷰를 시작하자 그녀는 전쟁중에 경험했던 유대계 시민으로서의 고생을 거침없이 이야기하기 시작했습니다. 그런데 아무리 기다려도 쁘리모 레비와의 접점이 나오지 않는 겁니다. 저는 참을성있게 이야기를 들었고 그녀가 잠깐 이야기를 멈출 때마다 "그런데 쁘리모 레비와의 관계는?" 하고 물었습니다. 그때마다 그녀는 "네, 사촌이라니까요" 하고는 다시 자기 이야기를 시작했지요. 그런 인터뷰를 이럭저럭 한 시간도 넘게 촬영한 후에 결국 그녀와 쁘리모 레비는 성이 같을 뿐 친척관계가 아니라는 사실을 알게 되었습니다. "그래도 우리는 다들 친척이나 마찬가지예요" 하고 그녀는 말하더군요.

물론 실망하지 않은 것은 아니지만, 그녀의 기분도 충분히 이해할 수 있었습니다. 이런 상상 속의 친척관계에 의지해 끊임없이 고독과 싸우고 있는 것이겠지요. 우리 재일조선인에게도 비슷한 심리가 있습니다. 저 자신도 일본에서든 외국에서든 같은 성을 가진 사람이라도 만나면 마치 먼 친척을 만난 듯한 기분이 듭니다. 물론 친척을 만난다는 것이 언제나 유쾌하다는 보장은 없습니다만.

쁘리모 레비의 『주기율표』라는 단편집은 아마 일본에선

그다지 읽히지 않을 것 같지만 그중에 「아르곤」(Argon)이라는 작품에는 이베리아반도에서 삐에몬떼 지방으로 흘러든 그의 선조들의 초상이 생생하게 그려져 있습니다. 그에 따르자면, 동유럽이나 중부유럽의 유대인이 히브리어와 독일어의 혼교에서 만들어진 이디시어(Yiddish Language)를 썼던 것처럼 그들은 히브리어와 이딸리아어의 삐에몬떼 방언이 섞인 독특한 언어를 사용했다고 합니다. 이 작품에서 쁘리모 레비는 다음과 같이 말합니다.

> 이 '삼촌'이라는 낱말은 대단히 넓은 의미로 사용된다는 것을 주의해두는 편이 좋을 것이다. 우리들 사이에서는 설령 먼 관계라도 나이든 친척이라면 누구든지 삼촌이라고 부르게 되어 있다. 그리고 공동체의 노인 전원이, 혹은 대부분이 결국은 친척이니 삼촌들의 수가 많아질 수밖에 없는 것이다.

'삼촌'이 많다보니 '사촌'이 많은 것도 당연지사. 이걸 읽고 보면, 밀라노의 레비씨가 쁘리모 레비의 사촌동생이라고 나선 것도 그 자신은 전혀 이상하다고 생각하지 않을지도 모르죠.
앞의 인용에 이어 쁘리모 레비는 '삼촌'(바르바)이라든가 '숙모'(마냐)들의 '기묘한 울림을 지닌 복잡한 통칭'을 소개하고 있습니다. 바르바이오뚜(엘리야 삼촌), 바르바사낀(이삭 삼촌), 마냐이에따(마리아 숙모), 바르바무이신(모세 삼촌)…… 하는 식으로. 마냐쁘리냐에는 "히브리어로 '새'를 의미하는 쯔뽀라에 기원을 둔, 멋진 이름"이라는 코멘트가 붙어 있습니다. 흥미로운 것은 바르바빠르띤인데 이것은 '보나빠르뜨 삼촌'이라는 뜻이고 "나뽈레옹으로부터 부여받은 처음 잠시 동안의 해방을 기념하고 있다"고 합니다.

프랑스혁명 후 나뽈레옹전쟁으로 서구 유대인의 신분해방이 촉진되었다고 하는 역사가 이 이름에 새겨져 있는 것이죠.

제가 아는 사람 중에 애덤(Adam) Z라는 이가 있습니다. 정확히 말하면, 제가 아는 일본여성의 파트너입니다. 그의 성(姓)은 중국인다운 것이지만 일단 여기서는 Z라고 해둡시다. 그의 어머니는 인도네시아 태생의 화교인데 전후 한동안 인도네시아에서 화교를 배척하는 움직임이 있었기 때문에 중국으로 귀환하여 그의 아버지와 결혼했습니다. 아버지는 과학자였는데 문화혁명 때 하방(下放)되어 고생하면서 온가족이 홍콩 이주를 결심했다고 합니다. 그 때문에 그는 중국에서 태어나 홍콩에서 자랐고 고등교육은 영국과 미국에서 받게 되었습니다. 미국 국적과 홍콩 시민권을 가지고 있고 일본인과 결혼하여 영국 대학에 근무하고 있습니다.

그는 원래 중국인다운 이름을 가지고 있었지만 미국 국적을 취득하면서 애덤이라고 개명했다고 합니다. 언젠가 그에게 물었습니다. "어째서 애덤이라고 했어?" 그의 대답은 이랬습니다.

"응, 그게 처음 이름이니까."

그 순간 저는 감개에 젖었습니다. 애덤(헤브라이어로는 '아담'이라고 표기)이라고 하면 말할 것도 없이 구약성서 창세기에 나오는 최초의 인간의 이름입니다. 그 갈비뼈로부터 이브라는 이름의 여자가 만들어졌고 아담과 이브는 금단의 열매를 먹고 낙원에서 추방됩니다. 다시 말하자면 중국 출신의 그가 고향의 공동체를 떠나 미국이라고 하는 유대그리스도교적인 문화권의 문을 들어선다고 하는 행위의 상징으로서 이 '최초의 이름'을 고른 거구나!

그런데 그렇게 생각한 제가 이 감개를 말하자, 그는 웃으며 고개를 흔들었습니다.

"아니, 그냥 아무렇게나 영어사전을 폈는데 이 이름이 제일 먼저 나오더라고."

그렇구나, 애덤이라는 이름의 첫글자는 'A'이고 더구나 다음 글자가 'D'니까요. 저는 또 감탄했습니다. 조금 전의 착각과는 정반대 방향에서 감탄한 거죠. 그들 차이니즈 디아스포라는 이름 같은 건 전혀 집착하지 않는구나. 이름 따위, 그들에게 있어 그야말로 실용적인 기호에 불과해. 과연 디아스포라의 대선배로군!

실은 이 이야기엔 여담이 있습니다. 이번에 이 이야기를 써도 좋을지 승낙을 얻기 위해 애덤의 파트너에게 연락을 했더니 이런 대답이 돌아왔습니다. "그 이야기엔 과장이 섞여 있는 것 같아요. 그 사람의, 이런 일에 관한 기억과 이야기가 왔다갔다하는 것 자체가 재미있는 현상이라고 생각해요."

그의 농담을 일일이 그대로 받아들여 우왕좌왕하고 있는 제가 너무 나이브(naïve)하다는 것일까요?

하지만 진상이 무엇인지는 그다지 중요하지 않다고 저는 생각합니다. 그런 순발력있는 농담을 할 수 있다는 것, 농담 삼아 스스로를 웃어가면서 실은 우리에게 침투해 있는 고정관념 그 자체를 웃을 수 있다는 것, 그것이야말로 디아스포라적이라고 생각하기 때문입니다. 덧붙이자면, 웃고 있기는 하지만 웃으며 넘겨버리지 않으면 견딜 수 없을 만큼의, 온 가족 모두의 고뇌와 비애의 역사가 그의 이름짓기 이야기의 배후에 있음이 틀림없다고 저는 생각하고 있습니다.

또다시 에드워드 싸이드 이야기라서 미안합니다만, 그의 『에드워드 싸이드 자서전』(*Out of Place: A Memoir*)은 자기 이름에 관한 이야기로 시작됩니다.

하지만 언제나 무엇보다 먼저 오는 것은, 그래 마땅한 어떤 것으로부터 자신이 늘 비껴나 있다고 하는 감각이었다. 싸이드라는 분명한 아랍계 성(姓)에 무리하게 억지로 꿰매 붙인 '에드워드'라는 바보 같은 영국 이름. 내가 이것에 순응하기―아니, 좀더 정확하게는 그다지 불쾌감을 느끼지 않게 되기까지는 50년 정도의 세월이 필요했다.

팔레스타인 아랍 출신, 프로테스탄트 기독교도, 더구나 부친대부터는 미합중국 국적 보유자인 싸이드는 예루살렘, 베이루트, 카이로를 연결하는 지역을 오가며 성장했고 인생의 후반기는 미국에서 보냈으며 거기서 죽었습니다. 그가 자신의 이름에 대해 느꼈던 어색함은 전통적인 공동체를 떠나 세계를 유랑하게 된 디아스포라들에게 공통된 것이라고 생각합니다.

애덤과 Z의 조합에 관해서는 말할 것도 없지만 쁘리모 레비의 경우 역시 흘러들어간 곳의 사회에서 가장 흔한 이름과, 출신이나 계보를 나타내는 성이 어색하게 페어맞추어져 있죠. 쁘리모(Primo)라는 이딸리아어 이름은 일본어로 옮기자면 이찌로오(一郎)쯤 될까요?[6]

요컨대 쁘리모 레비를 '리비 이찌로오'라고 해석해도 이상할 것은 없겠죠. 정말 리비 히데오의 사촌 같은 이름이네요.

집이 '역사를 조망하는 전망대'라고 한다면, 이름은, 적어도 디아스포라에게 있어서는 '역사가 할퀴어놓은 상처' 같은 것일지도 모릅니다. 그 상처를 응시하고 있으면 어떤 국가나

---

[6] 쁘리모도 이찌로오도 모두 '첫째 아이'라는 뜻이다.

일정한 언어권 내부에 갇혀버린 역사가 아닌, 또 하나의 역사가 조금씩 보이는 듯도 합니다.

  제 자신의 것을 포함하여, 조선인의 이름에 관해서도 하고 싶은 이야기가 많이 있지만 지면이 허락하질 않는군요. 그럼, 다시 편지드리겠습니다.

2007년 3월 9일

나이와 더불어 여행을 한다는 것이 부담스러워져갑니다.
하지만 여행을 떠날 수 없게 된다 한들, 크게 달라질 것은 없을 겁니다.
저에게는 일상의 '거주' 또한 여행 같은 것이니까요.

세 번째 편지  여행

김해

지금도 툭 하면
여행을 떠납니다

서경식이   타와다 요오꼬에게

　타와다 요오꼬씨, 한겨울 2월에 중국 지린성(吉林省)의 옌 뻰 조선족 자치주를 여행하고 왔습니다. 룽징(龍井)이라고 하는 변방도시를 돌아다니며 파울 첼란이 성장한 부코비나(Bukovina)가 이렇지 않았을까 싶기도 했습니다만 그 이야기는 언젠가 다시 하죠. 저는 지금 빈(Wien)으로 떠나려는 참입니다. 유럽은 이제 곧 부활절이군요. 모두들 겨울의 칩거에서 빠져나와 움직이기 시작할 시기입니다. 당신도 어디론가 여행을 가시나요?
　인간은 두 종류가 있는 듯합니다. 시간표나 지도를 좋아하는 인간과 그렇지 않은 인간. 저는 분명히 전자입니다만 당신의 『용의자의 야간열차』라는 작품, 특히 「그라츠(Graz)로」

를 읽고 '이 작가는 나와 같은 종류일지도……' 하는 생각을 했습니다. 시간표라든가 지도가 낯선 인간은 이런 작품을 쓸 수 없죠. 마쯔모또 세이죠오(松本清張)의 『점과 선』이래 일본에는 '시간표 문학'이라고나 부를 만한 장르가 존재해왔는데 당신은 뜻밖에도 그 계승자일지도 모르겠군요.

제가 유럽여행에서 철도를 자주 이용한 것은 1980년대였습니다. 토머스 쿡(Thomas Cook) 시간표를 질리지도 않고 들여다보면서, 조금이라도 더 싸고 재미있어 보이는 경로를 고르느라 골치를 썩었죠. 그런 과정 자체가 이미 여행의 중요한 구성요소였습니다. 그런데 근래엔 컴퓨터가 출발지와 목적지의 두점을 효과적으로 잇는 경로를 자동으로 표시해주니 역무원도 그저 컴퓨터지기로 내려앉고 말았습니다.

「그라츠로」에 '그대'가 도나우에싱엔(Donaueschingen)역에서 우연히 만난 중년 남녀에 관한 묘사가 있는데 이 두사람은 일년에 딱 한번, 음악제 때만 밀회하는 연인이 아닐까 하고 마음속의 '제멋대로 이야기'를 꾸며낸다는 서술이 있었죠. 저에게도 여행하며 만나는 낯선 이국사람들을 바라보며 갖가지 '제멋대로 이야기'를 즐기는 성향이 있습니다.

이번 빈에서의 숙소는 3년 전 여름에 묵었던 호텔로 정해두었습니다. 빈대학 가까운 곳인데 부르크극장이며 국립 가극장에도 걸어서 갈 수 있는 지역입니다. 호텔 근처 파싸주에 멋진 이딸리아 음식점이 있어서 그 가운데 마당에서 점심을 먹고 있는데 한쌍의 남녀가 옆자리에 앉았습니다. 그때 벌써 무대의 막이 오른 듯한 느낌이 들었습니다.

　남성은 70세 전후, 백발에 이마가 넓고 볼엔 깊은 주름, 몹시 까다로울 것 같은 어두운 눈을 하고 있었습니다. 여성은 50대 중반 정도. 붉은빛 도는 머리카락에 입술엔 지나치다 싶은 빨간 립스틱, 눈빛은 날카롭고 웃음기는 전혀 없습니다. 소설가와 편집자일까요? 아니, 이혼한 소설가와 전 편집 담당자 커플일 수도 있죠. 사실이야 어떻든 이건 어디까지나 '제멋대로 이야기'이니 그렇다고 해두면 되는 거랍니다. 두 사람은 눈앞의 음식엔 아랑곳없이 이야기에 몰두하기 시작했습니다. 독일어가 아니라 동유럽 어딘가의 언어입니다. 물론 저는 이해할 수 없었지만, 어젯밤 보았던 연극 비평인지 신작 장편소설의 구상인지 어쨌든 무언가 지적인 주제로 대화를 나누는 듯합니다. 그야말로 거물처럼 보이는 남성에 대해 여성은 전혀 머뭇거리거나 애교를 부리거나 하는 느낌 없이 한발도 물러서지 않는다는 인상입니다. 하지만 결코 음성이 높아지거나 상대방의 말을 자르거나 하는 일은 없습니다.

　그 모습은 빈이라는 도시에 대한 제 이미지와 너무나 잘 어울리는 것이었습니다. 식사를 마치고 일어나 떠나는 두사람을 연극의 막이 내린 듯 서운한 마음으로 배웅하였습니다.

　그런데 이튿날, 아침을 먹으러 식당에 내려가니 어제의 남녀가 있는 것 아니겠습니까? 같은 숙소였던 것이지요. 눈이 마주치면 인사를 건네리라 생각하며 그들 옆에 자리를 잡았습니다. 하지만 우리가 앉으면서 그들은 자리를 떴고 그 순간 빨간머리 여성이 식탁 위의 작은 잼병 서너개를 핸드백 속에 밀어넣는 것이 눈에 띄었습니다. 이런 경우의 예의로 저는 눈길을 돌렸고 그사이 그녀는 재빨리 나가버렸습니다. 나쁜 인상을 받은 것은 아니었습니다. 오히려 이 제2막의 디테일로 인하여 '제멋대로 이야기'에 에로틱하다고 하고 싶을 정도의 생생한 실재감이 더해진 것입니다.

제 기분을 간파했다는 듯이 웨이터가 다가오더니 나지막한 소리로 속삭였습니다. "좀전의 두분을 아십니까?" 아니, 하고 고개를 저었더니 "폴란드의 유명한 소설가와 그 부인이십니다" 하고 말했습니다. 놀랍게도 저의 '제멋대로 이야기'는 딱 들어맞았던 거죠. 3년 후인 올해도 같은 호텔로 정한 것은 어쩌면 제3막을 기대하고 있었던 까닭입니다. 여행을 한다는 것은 그런 것 아닐까요?

그건 그렇고, 이제 와서 고백하자면 저는 밀수행위를 한 적이 있습니다. 40여년 전 일이죠. 1966년 여름, 고등학교 1학년이었던 저는 난생처음으로 일본 밖으로 여행을 떠났습니다. 한국정부가 후원하는 '재일교포 학생 모국 하계학교'라는 단체행사에 대학생이었던 작은형과 함께 참가한 것입니다. 수십명의 재일조선인 학생(한국국적)이 2~3주간의 합숙생활로 모국어 교육과 반공교육—양쪽 모두 '국민화' 필수과목이죠—을 받고 공식행사 종료 후에는 현지 해산, 자유시간을 갖는 일정이었습니다.

우리는 시모노세끼로 가는 야간열차에 몸을 실었습니다. 그곳에서 배로 부산까지 가는 거였죠. 날이 밝아 시모노세끼 도착이 가까워졌을 때, 형이 저를 부르더니 대여섯개의 손목시계를 건네며 말했습니다. "이거 적당히 숨겨둬. 세관에 들켰다간 세금을 뜯길지도 모르니까. 구두 속이나 팬티 속이나 아무데나 괜찮아. 넌 아직 어린애니까 공무원들도 제대로 안 볼 거야. 만일 무슨 일이 있으면 내가 도와줄게."

저는 몹시 당황했지만 형이 겁쟁이라고 할까봐 마지못해 손목시계를 받았습니다. 처음으로 조국을 방문하는 것이니 친척들을 만나게 될 것입니다. 당연히 빈손으로 갈 수는 없죠. 하지만 값비싼 선물을 준비할 만한 여유도 없고 무겁고 큰 물건은 짐이 됩니다. 그래서 형이 머리를 짜내어 전당포에서 흘러나온 중고 손목시계를 사모은 것입니다. 저는 야간열차 화장실에 숨어 마약이라도 감추듯이 양말 속에 손목시계를 숨겼습니다.

시모노세끼 항구에 닿자 아리랑호라는 낡아빠진 배 한척이 해안에서 우리를 기다리고 있었습니다. 그런데 막상 출항 시간이 되었을 때, 형이 안 보이는 겁니다. 승객들은 줄을 지어 세관을 통과하기 시작했고 저도 어쩔 수 없이 줄을 섰습니다만, 가슴은 두방망이질을 치고 있었습니다. 감춰둔 손목시계를 세관원에게 들키면 어떡하지? 이런 중요한 때 형이 없으니.

마침내 출항을 알리는 뱃고동이 울렸건만 형은 그때까지도 나타나지 않았습니다. 얼른 승선하라고 재촉하는 담당자에게 기다려달라고 당부를 하고는 형을 찾았더니, 대합실 옆 골방 벤치에 큰대자로 누워 코를 골고 있었습니다. 두들겨 깨우자 형은 두 눈을 비벼가며 신발을 꿰신고는 뛰기 시작해서 저보다 먼저 세관을 통과해버렸습니다. 홀로 남겨진 저는 내심 형을 원망하면서 마음을 굳게 먹고 밀수행위를 결행했던 것입니다. 그렇게나 걱정을 했건만 세관원은 아무것도 조사하지 않았고 그저 "빨리 타라"고 했을 뿐입니다.

지금도 저는 국경의 세관에서 커다란 짐보따리를 끌고 다니는 동유럽이나 아시아, 아프리카 사람들을 보게 되면, 특히 어린아이들의 긴장한 표정을 볼 때마다 40년 전의 제 자신을 떠올립니다. 그리고 마음속으로 그들의 행운을 빌곤 합니다.

심야의 현해탄에서 아리랑호는 몹시 흔들렸습니다. 수면 부족이 이어진 학생들은 심한 뱃멀미에 시달리며 여기저기서 웩웩거리며 토하고 있었지만 형만은 원기충천, 큰소리로 떠들어대더군요. 긴 밤이 이윽고 밝았을 때, 거기는 부산이었습니다. '판자촌'이라 불리는 빈민촌이 민둥산 꼭대기까지 꽉 들어차 아침해를 받으며 반짝이고 있었습니다.

이렇게 해서 저는 생애 처음으로 국경을 넘었던 것입니다. 보통의 경우와는 역방향, 외국에서 제 나라로 말이죠. 그때 처음 여권이라는 것을 만들었는데 거기 기입되어 있던 저의 이름도 제게는 낯선 것이었습니다. 어린시절에 우리 가족은 일본식 통명을 썼습니다. 1965년 한일조약으로 한국을 왕래할 수 있게 되어 한국 여권을 취득할 때 그때까지 써온 일본식 이름 대신 '경식'이라고 하는 조선인다운 이름을 새로 붙인 것이죠. 요컨대 저는 외국에서 제 나라로 월경하면서 이름도 외국식에서 제 나라 식으로 고친 것입니다. 같은 단체엔 조선 성과 일본 이름을 이어붙인 사람들도 적지 않았습니다. 예를 들면 '킨 후꾸따로오(金福太郎)'라는 사람은 한글로 '김복태랑'이라고 읽습니다. 그는 일본에서나 한국에서나 이 '역사가 할퀸 상처' 때문에 끊임없이 어색한 기분을 맛보아야 했을 것입니다.

어쨌거나 '서경식'이라는 현재의 이름으로 여권을 갖게 된 지 40년 이상이 흘렀습니다. 국경을 넘는 여행을 하지 않았더라면 여권은 필요없었고 이름 역시 그대로였을지도 모릅니다. 여행은 자신을 붙잡아두고 있는 일상으로부터의 일시적인 해방이라고 많은 이들이 생각하지만, 실제로는 끊임없이 이름을 말해야 하고, 신분증명을 요구당하는 행위라는 사실을 알 수 있습니다. 따라서 여행이라는 것 역시, 자신을 재정의하는 기회이기도 한 것입니다.

1881년 빈에서 태어난 슈테판 츠바이크(Stefan Zweig)는 자기가 젊었던 시절, 유럽 나라들을 여행할 때 여권을 요구받는 일 따위는 없었다고 회상하고 있습니다. 20세기에 들어와 1차대전을 전후하여 '인간'을 '국민'으로 편성하는 힘이 급속히 강화되었습니다. 츠바이크는 국경을 통과할 때 검사나 심문에 의해 "얼마나 많은 인간의 존엄이 훼손되었는가?"라며 개탄합니다(『어제의 세계』). 1983년이 되어 저는 처음으로 유럽여행을 했는데 여권을 만들기 위해 끔찍한 경험을 해야 했습니다. 당시 한국정부는 전두환 군사정권이었고 당연하게도 그들은 여권 발급을 국민통제 수단으로 삼고 있었기 때문입니다. 저 같은 '재외국민'도 예외는 아니었고 더구나 저는 정치범의 가족이라는 처지였으니까요.

그 여행에서 돌아오는 길, 토오꾜오행으로 갈아탔던 씽가포르 공항에서 벽에 걸린 커다란 항로지도가 눈에 띄었습니다. 씽가포르를 중심으로 방사선 모양으로 뻗어 있는 선 가운데 하나는 토오꾜오로, 다른 하나는 서울로 이어져 있었습니다. 그것을 바라보면서 저는 한가지 상념에 사로잡혔습니다. 어째서 나는 서울이 아니라 토오꾜오로 향해 가는 것일까? 그것은 내가 일본에서 태어나 자랐고, 그 나라 말밖에 할 줄 모르며, 그곳밖에 생활의 기반이 없기 때문이다. 하지만 그 나라 정부, 혹은 대다수 국민들은 우리 같은 재일조선인의 존재를 환영하지 않는다. 일본으로 가는 재입국신청서에

'여행목적' 난이 있다. 그곳에 '거주'라고 기입해야 한다. 그리고 일일이 일본의 허가를 얻지 않으면 안되는 것이다. 나는 '거주'를 목적삼아 여행하는 자, 다시 말해 '난민'의 하나인 것이다 — 전기충격이라도 받은 듯한 '재정의'의 순간이었습니다.

저는 지금도 툭 하면 여행을 떠나곤 합니다만, 그것은 일상으로부터의 해방이 아닙니다. '거주'를 찾아 헤매는 방랑과도 같은 것이죠. 나이와 더불어 여행을 한다는 것이 부담스러워져갑니다. 하지만 여행을 떠날 수 없게 된다 한들, 크게 달라질 것은 없을 겁니다. 저에게는 일상의 '거주' 또한 여행 같은 것이니까요. 그럼 봉 봐야주(Bon Voyage, 즐거운 여행을)!

2007년 3월 21일

움직임이 중단되는
순간

타와다 요오꼬가  서경식에게

　베를린에서 뉴욕으로 가는 비행기 안에서 이 편지를 씁니다. 이틀 전에는 토오꾜오에서 프랑크푸르트로 향하는 비행기를 타고 있었습니다. 그때는 주변에 일본인들이 잔뜩 앉아 있어 부끄러워 이 편지를 쓰지 못했지만 지금은 당당히 앉아 쓰고 있어요. 뭔가 쓰고 있는 것을 남들이 들여다보는 건 질색입니다. 완성되어 잡지에 게재되고 나면 아무나 읽을 수 있는 것이니 쓰고 있는 동안 남들이 좀 본대도 상관없을 것 같지만, 쓰는 도중의 문장은 마치 꿰매어 맞추기 전에 아무렇게나 탁자 위에 늘어놓은 헝겊조각 같아서 아직 꿰매지 않은 부분을 통해 남들에겐 그대로 보여줄 수 없는 상처들이 생생하게 드러나는 것만 같아 싫습니다.

지금 타고 있는 것은 유럽과 미국을 연결하는 항공편이어서 주변을 둘러보아도 아시아인의 얼굴은 눈에 띄지 않습니다. 옆에 앉아 있는 미국인 부부는 중국에서 두달쯤 영어를 가르친 적이 있다지만 다행히 한자는 못 읽는다는군요.

탈것들은 저의 서재, 여행은 집필의 시간입니다. 다만 주변 사람들이 사용하는 것과는 다른 문자를 쓴다는 것이 조건이죠. 자신과 같은 문자를 쓰는 사람들 사이에 머물러 있는 한, 글을 쓰기 위해 서재에 틀어박혀야 하지만 다른 문자를 쓰는 사람들이 살고 있는 나라에 가면 찻집도 열차도 모두 서재가 됩니다.

방에 틀어박혀 있기를 좋아하는 이들도 거침없이 밖으로 나갈 수 있는 것이죠.

저는 철도여행을 좋아해서 지금까지도 열차 안에서 꽤나 많은 원고를 썼지만 최근에는 열차 안에서 원고를 쓰다보면 눈이 피곤하고 심할 때는 멀미를 하는 일도 있습니다. 난시가 진행되고 노안이 심해지는데 근시는 그대로. 끊임없이 흔들리는 문자를 바라보고 있는 것은 눈에 좋지 않겠죠. 종이 위에서는 또 좀 낫지만 컴퓨터 화면은 몇장씩 겹쳐 있는 하늘 같아서 층마다 흔들림이 달라 저마다 어긋나고 겹치다보면 문자를 파악한다는 것이 고역입니다.

그런데 지난번 받은 편지에서 제가 시간표라든가 지도를 능숙하게 읽어내는 인간 부류에 속하는 것은 아닌가 하고 써주신 부분을 좀전에 다시 읽고 낯간지러움이 쓴웃음으로 변하더니 뒤가 켕기기 시작하는군요. 실은 저는 시간표를 읽는 것이 너무나 서툴고 독일에선 거의 본 적조차 없습니다. 일본에선 어쩔 수 없이 볼 때도 있지만, 예컨대 신깐센(新幹線)을 한번 갈아타고 토오꾜오에서 하까따(博多)까지 가려면 어떻게 해야 하는지를 이해하는 데도 상당한 노력이 필요할 정도로 시간표엔 젬병이랍니다. 요전에 어떤 사람한테 그 이야기를 했더니 "하까따에 가려면 하까따행을 타면 되지 뭐하러 도중에 갈아타야 한다는 건지 몰라" 하던데, 여기서 일단 설명을 드리자면 저는 JR(재팬레일로드)패스로 여행을 해서 '노조미'[1]를 탈 수 없었고 그렇게 되면 역시 한번 갈아타는 수밖에 없었던 것이죠. 제가 '탈것 마니아'여서는 아닙니다.

갈아타는 건 아무래도 좀 불안하니까 가능하면 피하고 싶지만 그것 또한 이야기가 만들어지기 쉬운 여행의 한 매듭이기도 합니다.

그래서 저의 소설 『용의자의 야간열차』 속에는 복잡한 갈아타기 이야기가 나오게 됩니다. 도나우에싱엔에서 그라츠로 가는 이야기는 실제 경험에 바탕한 것입니다. 도나우에싱엔의 현대음악제에서 이자벨 문드리(Isabel Mundry)라는 젊은 작곡가가 저의 「얼굴」이라는 산문시로 만든 곡을 발표하

---

[1] 노조미(のぞみ): 일본어로 희망이라는 뜻으로 토오까이도(東海道)와 산요오(山陽) 사이를 운행하는 신깐센을 가리키는 애칭이다.

게 되어 있어서 이건 꼭 들어야겠다고 생각했는데, 그 다음 날 낮부터 그라츠에서 제가 쓴 「바람 속의 달걀처럼」이라는 연극의 연습이 시작되어 그곳에도 반드시 가야만 했던 까닭에 열차를 두번 갈아타고, 야간열차를 이용하고, 또다시 갈아타야만 했던 것이죠. 비행기로 밤사이에 도나우에싱엔에서 그라츠까지 이동하는 건 무리지만 야간열차라면 가능합니다.

그런데 예상치 못했던 일이 일어났습니다. 도나우에싱엔에서 지겐(Siegen)까지 잠깐 탈 작정이었던 로컬전차가 늦은 것입니다. 출발점에서 종점까지 한시간이 채 안 걸리는 짧은 노선이 한시간이나 늦는다는 것은 예상하지 못했습니다. 그 때문에 지겐에서 쥐리히로 가는 전차를 놓치고 결국 쥐리히에서 그라츠로 가는 야간열차도 놓쳐버렸습니다. 그럴 때, 제가 알아서 시간표를 들쳐 보고 빈 행을 타서 짤츠부르크에서 새벽 4시에 갈아타면 낮에는 어떻게든 그라츠에 닿는다는 것을 발견했더라면 저도 『점과 선』 같은 추리소설을 쓸 수 있는 작가가 되어 있을지도 모르지만, 그런 능력은 저에겐 아예 없으니 제대로 갈 수 있었던 것은 독일어권의 역창구에서 일하는 이들 덕분입니다.

그들은 언제 봐도 차분합니다. 제가 아무리 허둥대더라도 침착하게 앉아서는 역과 역을 이어주는 숫자를 정확하게 읽어내고 자신있게 정보를 건네주는 것입니다. 시간표가 있는 한 이 세상에 재앙은 있을 수 없다고 말하듯이 흔들림 없는 말투로. 저는 휴우 하고 안도함과 동시에 이 사람들은 시간표의 수호신처럼 따스한 역사(驛舍)에 머물러 있을 수 있건만 나는 몸뚱이를 한밤의 열차바퀴에 맡기고 밤의 어둠 속으로 뛰어들어야만 하는 거군 하며 약간은 억울한 기분이 들기도 합니다. 한번 출발하고 나면 열차는 시커먼 쇳덩어리로 변신해 시간표 따위가 뭔 상관이야 하는 듯한 기세로 달려갑니다. 그런데도 독일 철도창구에 있는 사람들에게 제가 지닌 신뢰는 상당히 큰 것이어서 그들은, 지금 같은 형태로 컴퓨터가 도입되기 전부터 가장 빠르게 혹은 가장 싸게 가는 방법을 빠르고 정확하게 가르쳐주곤 했습니다. 아니, 컴퓨터가 너무 발달하지 않았던 무렵이 더 빠르고 정확했습니다.

철도는 우편과 마찬가지로 컴퓨터가 생기기 전에 완성된 씨스템이라서 열차가 시간표대로 달리고 국내의 편지들이 반드시 이튿날엔 도착한다는 것을 자랑스럽게 여기던 독일은 거꾸로 컴퓨터가 도입됨으로써 장거리열차가 곧잘 늦곤 하던 시기가 있었습니다. 특급조차 세번에 한번은 한시간 이상 늦었으니, 저로서는 견디기 힘들었던 시기였죠. 최근엔 좀 나아졌지만 열차는 원래 늦는 것이다 하는 인상이 굳어져버린 것은 컴퓨터가 도입된 탓입니다.

일본도 마찬가지겠지만 독일 역시 지하자원이 없고 기름값이 비싼데다가 길도 자주 막히는 바람에 다행히 기차가 자동차에 밀린다든가 하는 일은 아직 없지만 철도요금이 너무 비싸다는 느낌을 지울 수는 없습니다. 하지만 인구밀도, 환경문제, 자원문제 등을 생각하면 유럽이나 일본도 역시 철도가 구석구석 빈틈없이 깔려 있어야 할 것이고, 미국처럼 자동차와 비행기만 있으면 된다고는 할 수 없을 거예요.

저는 소위 철도 마니아와는 거리가 먼 인간이어서, 어린시절엔 탈것에 관심이 없었을뿐더러 탈것을 싫어하기조차 했지만, 몇해 동안 거의 매주 주로 유럽 안에서 철도로 여행을 하다보니 지금은 어쩌다 깨닫고보면 웬걸, 정신없이 철도 이야기를 하고 있는 경우가 있습니다. "베를린에서 보르도까지 야간으로 가는 경우, 빠리가 아니라 브뤼쎌에서 갈아타는 게 낫다는 걸 알기나 해?"라든가 "함부르크와 그라츠를 연결하는 케른텐 급행이 없어져서 정말 유감이야"라는 둥 해가면서요. 그런 소리를 무심결에 입에 담는 저를 보면서 제가 철도 마니아라고 오해하는 이들이 있을지도 모릅니다. 물론 차체에 애착이 가는 경우가 없는 것은 아니지만 그건 어디까지나 두가지 아트 프로젝트를 연결하는 '몸체'로서의 차체에 애착을 갖는 것뿐이랍니다.

앞서 그라츠로 가는 이야기에도 나왔지만 도나우에싱엔은 음악, 그라츠는 연극, 두가지 서로 다른 분야를 야간열차가 이어주고 있는 것이죠. 비행기처럼 빛 속을 일직선으로 연결하는 것이 아니라 잠들어 있는 동안에 무의식의 법칙에 따라 두 영역이 이어지는 것입니다. 양자는 장르가 다를 뿐 아니라 작가로서 제가 거기 관련되는 방식도 다릅니다. 전자는 제가 쓴 산문시를 작곡가가 찾아내서는 그것을 이용해서 곡을 만든 것이니 저 자신은 곡의 완성에도 연주에도 직접 관련되지는 않습니다. 한편, 그라츠에서의 프로젝트는 희곡작가인 제가 댄스시어터 무대에 낭독자로 참가한다는, 에른스트 빈더(Ernst Binder)의 연출에 따르게 되어 있었습니다.

철도가 언어와 언어를 연결하는 경우도 있습니다. 예를 들어 야간열차로 빠리에 가서 『용의자의 야간열차』 『여행하는 알몸의 눈』 『변신을 위한 아편』의 프랑스어 번역을 번역자가 낭독하는 행사에도 참가했습니다. 하나의 텍스트가 언어의 경계를 넘어 번역이라는 변신을 이루었다는 것을 되새기며 야간열차로 국경을 넘다보면 잠든 동안에 저 자신이 변신한대도 이상할 것은 없을지 모릅니다. 실제로 아침에 목적지에 닿았을 때 피부와 뼈의 느낌이 어딘가 달랐습니다.

오늘날 세계는 인터넷을 통해 그물망처럼 연결되어 있다고 흔히들 말하지만 철도에 의한 이동은 육체의 이동입니다. 손가락으로 자판을 누르는 것이 아니라 온몸을 수천 킬로미터나 옮겨놓는 것이죠. 이것은 이른바 집필활동이 서재 안에 갇혀 있는 무엇이 아니라 무대예술과 연결되어 있다는 것, 또한 일본어가 고립하여 존재하는 것이 아니라 갖가지 언어를 그 내부에 포함하는 까닭에 온갖 언어들과 이어져 있다는 것, 그리고 하나의 형태로부터 또다른 형태로 끊임없이 움직여가는 운동 자체에 창작활동이 있는 것이고 또한 이동하면서 새로운 형태를 탐구하는 것 자체가 일종의 퍼포먼스일지도 모릅니다.

그리고 또 한가지, 여행에서 중요한 것은 움직임이 중단되는 순간입니다. 그것은 시간표에는 없지요. 아무리 빈틈없이 준비해서 출발을 하더라도 뜻밖의 장소에서 여행이 중단되는 일이 곧잘 있습니다. 열차가 안 오기도 하고, 파업으로 인해 타고 있던 열차에서 내려야 하는 경우도 있죠. 그렇게 되면 뚜렷한 목표를 가지고 이동하던 개인이, 불현듯 목적으로부터 단절된 정지상태에 던져져 어쩔 줄 몰라 하며 주변을 둘러보다 거기서 같은 운명에 빠진 다른 사람들을 발견하게 됩니다. 열차가 안 온다든가 멈춰서버린다든가 하게 되면 낯선 이들끼리 이야기를 시작합니다. "왜 안 오는 걸까요?" "도대체 무슨 일일까요?" 같은, 혼잣말인지 말을 거는 것인지 알 수 없는 웅얼거림에서 시작하여 각자 신세타령을 하는 데까지 발전하는 일도 있습니다. 이 또한 열차라는 상자가 지닌 재미가 아닐까요?

그러고 보니, 전에 토오꾜오에 사는 젊은 독일 여성과 나눈 이야기가 떠오르네요. "만원이었던 중앙선[2]이 멈춰버렸

---

2 중앙선(中央線): 토오꾜오 중심을 지나는 전철노선으로, 유난히 자살자가 많다.

을 때 차 안이 쥐죽은 듯 고요하고 아무도 말을 하지 않는 것이 어딘가 으스스해서 견디기 어려웠다"고 하더군요. 숨막힐 듯한 불안도 소리내어 타인과 이야기를 나누다보면 엷어지게 마련이건만 다들 입을 꽉 다물고 있는 것은 무슨 까닭일까요? 중앙선이 멈추었다면 다들 우선 누군가의 자살을 생각하지 않았을까요? 무거운 침묵은 거기서 기인하는 것인지도 모릅니다. 전차를 일시정지시킨 원인이 된 '추락자'의 운명과 자신의 운명은 거기서 얽혀버리는 것이니, 이쪽은 전차에 타고 있는 사람, 저쪽은 선로에 떨어진 사람이라고 나누어버릴 수는 없는 것입니다.

지금 뉴욕에서 펜실베이니아주로 향해가는 차이나타운 버스 속에서 이 글을 마저 쓰고 있습니다. 비행기 안에서는 끝까지 다 쓸 수 없어서 버스 안에서 이어쓰기 시작했답니다. 그런데 버스가 몹시 흔들려 조금씩 멀미를 하게 되는군요. 이쯤에서 끝맺어야겠습니다.

2007년 4월 17일

어긋난 시간들을 커다란 보자기에 싸서 등에 지고 있는 것이 우리 인간이라면
그 짐덩어리 속에, 아무리 써도 닳아빠지지 않는 언어감각이 들어 있지 않다면
그 긴 여행을 견뎌내지 못합니다.

네 번째 편지  놀이

언어도 춤을 추기를

타와다 요오꼬가   서경식에게

다시 여름이 돌아왔습니다. 지난여름 저희 집에 오셨을 때 우연히 다같이 당구를 쳤던 것이 이 왕복서한 제목의 유래이지만 당구와 무관하게 살던 제가 사실은 그것과 무척 인연이 있었다는 사실을 어제 산책하다가 깨달았으니 오늘은 그 이야기를 하겠습니다. 이 왕복서한집도 빌리어드가 아닌 당구[1]라고 이름 붙인 것이 옳았다고 새삼 생각합니다. 감사드립니다.

제가 피아니스트 타까세 아끼(高瀬アキ)씨와 함께 하고 있

---

[1] 당구는 일본어로 타마쯔끼(玉突き)라고 하는데, 이 부분은 이 책의 원제 '타마쯔끼서간(당구서간)'에 대한 이야기를 하는 것이다.

는 퍼포먼스 중에 「타마(たま)」라는 작품이 있습니다. 일본어의 '타마'에는 여러가지 의미가 있는데, 온갖 의미들을 일독(日獨)사전에서 찾아 읽는다든지 '타마'라는 단어를 비틀어 장난을 쳐놓은 텍스트를 낭독하든지 하면서 그랜드피아노에 탁구공을 던져넣는 퍼포먼스인데, 피아노 속에 들어간 탁구공이 놓인 현을 치면 하얀 탁구공이 공중으로 튀어오르는 광경이 조명 아래 무척 아름답고 재미있습니다.

'타마'라는 낱말엔 정말 여러가지 의미가 있죠. 우선 스포츠에서 사용되는 공. 마리쯔끼(鞠つき), 케마리(蹴鞠), 축구, 야구, 볼링에서 빠찐꼬에 이르기까지 스포츠에 사용되는 공은 모조리 타마입니다. 또한 곡옥(曲玉)[2]처럼 신비한 힘을 지니고 있다고 믿던 타마도 있습니다. 타마시이(魂)[3]도 타마, 코또다마(言靈)[4]도 타마입니다. 어쩐지 느닷없이 신또오(神道) 냄새가 나기 시작해 쓴웃음이 나지만, 신또오라고 하면 총구에서 튀어나오는 탄환처럼 사람을 상처입히는 것도 타마죠. 또한 난자(卵子)도 타마고(タマゴ), 고환(睾丸) 역시 속어로는 '킨(金)타마'(즉 '황금 알')가 되니 어쨌든 생명이 태어나는 장면에서도 타마는 중요한 역할을 하고 있습니다. 한

---

2 구옥(句玉)이라고도 한다. 고대 왕족이나 귀족의 장식품을 뜻한다.
3 혼(魂)의 일본어 훈독으로 영혼을 의미한다.
4 일본에서는 언어에도 영적인 힘이 존재한다고 여기는데, 이를 코또다마라고 한다.

자로 쓰자면 '옥(玉)' '구(球)' '탄(彈)' '혼(魂)' '영(靈)' '주(珠)' 등 여러가지 글자가 됩니다만 히라가나로는 한가지 단어입니다. '달걀'(타마고)도 '타마'와 같은 어원인지 어떤지는 모르지만 말놀이는 굳이 어원에 얽매이지 않습니다. 그 이유는 나중에 말씀드리죠.

'타마'라고 하면 우리 공동의 친구로 함부르크에 있는 송현숙씨(다시 지지난번 편지에 썼던 이름 표기문제가 됩니다만 한자로는 宋賢淑. 독일에선 Hyun-Sook Song이라고 알파벳으로 쓰고 있어요)가 요헨 힐트만과 함께 「보주하우스」(WOZUHAUS)라는 영화를 만들었는데, 보셨습니까? 거기에서도 '타마'가 몇번 나옵니다. 먼저 영화제목을 좀 설명해두자면 단어를 어떻게 자르느냐에 따라 보주 하우스(WOZU HAUS) 즉 '뭐하러 집 같은 게 있을까?'가 되기도 하고, 보 주 하우스〔세〕(WO ZUHAUS〔E〕)로 '어디가 집이야?'가 되기도 하는 제목으로 이 역시 말놀이입니다. 외국인으로 독일에서 오래 살다보니 이따금 "당신은 도대체 어디가 집이냐?"고 묻는 이들이 있는데, 그럴 때면 "무엇 때문에 당신은 어디가 집이냐는 따위의 질문이 필요한 거지?"라고 반문하고 싶은 저에게는 바로 느낌이 오는 말놀이죠.

그런데 이 영화 속에 탁구공처럼 튀어다니는 타마가 나옵니다. 그것은 하나의 육체에 하나만, 근원적으로 있는 영혼이 아니라 육체를 떠나 휙 날아가버릴 수도 있는 영혼입니다. 영혼과 탁구공 양쪽을 나타내는 '타마'라는 낱말이 일본어에 있다는 것에 그녀는 놀라더군요.

컴퓨터의 한자전환 기능에서 생기는 오류가 재미있는 것은, 실은 하나의 말인데 한자가 있는 까닭에 구별하게 되는 단어들이 다시 연결되기 때문이겠지요. 예를 들어 '쓰다(書く)'와 '긁다(搔く)'[5]를 완전히 구별해서 생각하는 것은 문명인답기는 하겠지만 물질의 표면을 갉아 낱말을 새긴다고 하는, 힘있게 '긁는 모습'의 이미지를 깨닫게 해주는 것은 히라가나 낱말인 '카꾸(かく)'입니다. 미리 말씀드려두지만 저는 결코 한자 배척주의자가 아니랍니다. 다만 한자의 교양으로 히라가나의 슬기로움을 무시하는 것이 싫을 뿐이죠.

탁구공 같은 영혼이라는 이미지는 기독교에서 말하는 영혼 이미지와는 상당히 동떨어져 있을지도 모릅니다. 독일의 슈바빙(Schwabing)지방에는 '영혼'(Seele)이라는 의미의 단어와 발음도 철자도 같은 '젤레'라는 작은 바게뜨 모양의 빵이 있습니다만 그런 빵의 이미지에, 육체에서 날아올라 물고기처럼 강을 헤엄쳐가는 시베리아 샤먼의 영혼 이미지가 겹쳐지는 황당무계한 이야기를 전에 쓴 적이 있습니다. 에쎄이라고도 단편소설이라고도 할 수 없는 작품이죠. 그것을 독일

---

[5] 일본어에서 '쓰다'와 '긁다'는 둘 다 히라가나로 '카꾸(かく)'라고 쓰며 그 형태와 발음이 같다.

의 낭독회에서 곧잘 읽곤 하던 때가 있었습니다.

언젠가 청중 가운데 곱게 나이든 여성 한분이 "저는 아무래도 동물이나 물건을 이야기하듯 영혼에 대해 말해서는 안 된다는 느낌이 들기도 하는데 그것은 기독교의 영향 탓일까요?" 하고 감상을 이야기한 적이 있었습니다. 그이에게 영혼이란 자신의 깊숙한 곳에 있는 것으로 육체로부터 떼어내어 가지고 놀 수 있는 것이 아니고 떼어내버리면 자신이 파괴되어버릴 듯한 심각한 무엇이었던 거죠. 하지만 제게는 아무리 봐도 속에서 튀어나와 통통거리며 멀리까지 굴러가는 '타마'의 이미지가 있어서 만약 네 영혼은 어떤 영혼이냐고 묻는다면 "탁구공이다"라고 대답하고 싶을 지경이랍니다.

무엇보다 '타마'라고 하는 낱말과 놀다보니 그런 '타마'의 이미지가 확실해진 것이지만 애당초 코또다마(言靈)라고 하는 것이 있다면 '코또다마 놀이'라고 하는 구기(球技)가 있을 법한 거죠. 말을 공중에 던져올렸다가 떨어뜨리면 어느 쪽으로 튈 것인가, 타마 모양을 한 말은 제멋대로 튀어갈 테니 어느 쪽으로 갈지 예상조차 할 수 없다는 것이 이 놀이의 재미있는 점이랍니다. 그것을 쫓아가며 비틀대고 넘어지는 제 모습마저도 부디 일종의 춤이라고 웃어가며 보아주십시오. 이것은 골인도 없고 승패도 없는 놀이입니다. 앞에서 썼던 타까세씨와의 퍼포먼스에서 사용하고 있는 텍스트「타마」에서 조금 인용하겠습니다. "타마따마 타마가 코로가루(어쩌다가 타마가 굴러가네)." "타마가 이쯔쯔데 타마고."[6] "아, 타마가 코로가루/아따마가 코로가루(아, 타마가 굴러간다/아따마〔머리〕가 굴러간다)"(발췌, 미발표).

'타마고'가 '타마'와 같은 어원에서 온 것인지 어떤지는 모른다고 아까도 썼습니다. '타마따마'(偶偶: 어쩌다가)까지 가면 '타마'와 어원적으로 관계가 있을 가능성은 별로 없는 것 아닐까 싶습니다. 하지만 타마가 튀어 우연히 어딘가에 부딪치는 이미지는, 특히 당구에 서툰 저한테 타마는 '타마따마' 즉 우연성 그 자체입니다. 두개의 타마가 우연히 부딪치는 것을 '타마따마'라고 부른다는 것이죠.

언어와 언어 사이에 숨겨진 연결고리를 찾아내기 위해서는 놀이로 머리를 부드럽게 만들어야만 합니다. 놀이란 사고의 한 형식이라고 생각합니다. 평소엔 보이지 않던 것이 말놀이 속에서 보이게 됩니다. 그러니 놀이와 공부, 놀이와 일을 대립된 것으로 보는 것은 사실 이상한 거죠.

소리가 비슷한 낱말을 모아 머릿속을 풀어주는 놀이를 말장난이라고 웃어버린다든지 혹은 조금 수준있는 곳에서는 "그건 외국인 같은 발상이다"라고, 실은 무시하면서 감동하는 척하는 모순된 태도를 보이는 사람이 많은 것은 왜일까

---

[6] 타마가 이쯔쯔데 타마고: '타마가 다섯개면 달걀'이라는 의미로, 타마고는 '타마가 다섯'이라는 의미의 말과 발음이 같다.

요? 그렇게 함으로써 자기 스스로 모어(母語)와의 안전한 관계에 머물러 있으려는 것 아닐까요? 어떤 사회에서 어른으로 인정을 받기 위해서는 모어를 투명하게 만들어 모어와 자신 사이에는 줄곧 어떤 위화감도 존재하지 않는 체해야만 합니다. 하지만 그것은 말과 말 사이에 흔해빠진 결합밖에 할 수 없다는 뜻이기도 합니다. 흔해빠진 것이라도 좋아, 평범하더라도 행복하면 된다고 말하는 사람도 있을지 모릅니다. 하지만 오늘날 세상에서 흔해빠진 것으로는 불행해져버릴지도 모르는 거죠.

예를 들어 '폐를 끼치다'라는 표현이 엄청난 중압감과 압도적인 죄책감을 지니고 못처럼 일본인의 몸에 박혀 있는 듯합니다. 이런 사회니까 생활보호를 받아야만 생계를 유지할 수 있는 사람이 많을 것 같은데도 국가에선 생활보호자금을 주지 않으려 합니다. 거절할 것도 없이 스스로 받는 것을 포기하게 만들려면 "그건 남에게 폐를 끼치는 것이다"라고 슬쩍 흘려주기만 하면 된다는군요. 그러면 '아아, 맞아. 남에게 폐를 끼쳐서는 안되지. 그럴 바엔 차라리 자살해버리자'라는 발상으로 가버리는 사람조차 있는 겁니다. 모어에 있는 몇가지 표현법은 불행하게도 개인의 마음에 깊이 박혀 있는 것이죠. 그것을 흔들고 풀어내어 손에 들고 바라보고 던져올리고 응시하면서, 씩씩하고 밝고 건방지게, 영리하게, 자유롭게 생각하고자 하는 하나의 방법이 말놀이라고 생각합니다.

저는 예컨대 '폐를 끼치다'의 '끼치다'[7]에 주목하여, 이것도 퍼포먼스용 텍스트입니다만, '카께루(かける)'가 붙은 숙어들을 잔뜩 모아서 산문시를 썼습니다. 그 가운데 "(…) 더욱 폐를 끼치는(かける) 게 좋을지도 몰라. 폐라고 해도 다른 이에게 걸쳐놓는(かける) 다리인 것이니 자폐적이 되는 것보다는 나아. 언어를 연마하고(磨きをかけ) 남들에게 말을 걸고(聲をかけ)"라고 이어지는 구절이 있습니다. '카께루'가 들어간 말들을 모아 새로운 방식으로 연결해봄으로써 '폐를 끼치다'로부터 '자살'로 이어져버리는 경직된 외길을 부수고 몇 갈래의 다른 길을 만들어 시야를 넓혀가는 말놀이입니다.

생활지원과의 창구에서 지독한 대접을 받는 순간, 그 사람이 말놀이를 전개한다는 것은 불가능할지도 모릅니다. 약자로서 직접 피해를 받고 있는 순간과 언어를 비틀고 주무르고 담금질하는 순간 사이엔 언제나 시간적인 어긋남이 있겠지요. 하지만 어긋난 시간들을 커다란 보자기에 싸서 등에 지고 있는 것이 우리 인간이라면 그 짐덩어리 속에, 아무리 써도 닳아빠지지 않는 언어감각이 들어 있지 않다면 그 긴 여행을 견뎌내지 못합니다. 이것은 저의 이민자로서의 작은 체험에서 드리는 말씀이지만 사회적으로 약한 입장에 있을 때

---

7 일본어로 카께루(かける)라고 하며 이 말엔 '걸다' 혹은 '걸치다'라는 의미도 들어 있다.

야말로 놀이하는 마음 없이는 살아남을 수 없는 법이죠.

언제였던가, 일본의 어느 마을에서 문학 이야기를 해달라는 요청을 받고 이야기를 하다보니 거의 말놀이 이야기가 되어버린 적이 있는데, 강연이 끝나고 나서 청중 가운데 한사람이 "나는 지금 실업자로 한창 힘들다. 말장난이나 하고 있을 만큼 한가하지 않다"는 의견을 내놓았습니다. 이것은 말놀이 따위는 사는 데 걱정 없는 계급의 인간들이, 할 일이 없어서 하는 쓸데없는 짓이고 자기 같은 노동자는 뼈빠지게 일하며 고생하고 있다, 그것을 리얼리즘으로 묘사하는 것이 바로 문학 아닌가 하는 사고방식이죠. 하지만 저는 그렇게 생각하지 않습니다.

놀이가 중요하다고 썼지만, 그것은 놀이를 통해 어른사회의 룰을 공부할 수 있으니 중요하다고 하는 게 아닙니다. 저는 오히려 사회에서의 경쟁을 재현한 듯한 게임을 좋아하지 않습니다. 독일에 막 왔을 때 친구의 아이가 '모노폴리'라는 게임을 하고 싶어하기에 함께 해주면서 정말 진력이 나던 기억이 있습니다. 돈을 모아서 집을 산다든지 투자를 한다든지 하면서 진행되는 주사위게임인데 다른 참가자의 경제활동을 방해하기도 합니다. 최종목적은 자기가 가장 많이 돈을 버는 것으로, 그러기 위해서는 경쟁자들이 상승하지 못하도록 억누르는 것이 가장 중요하죠. 그런 짓이야 현실사회에서 너무나 많은 이들이 하고 있는데 어째서 자신의 자유시간에 굳이 게임으로 그런 시시껄렁한 짓을 되풀이해야 하는 것인지 불가사의했습니다.

　독일어로 '놀다'는 '슈필렌'(spielen)이라고 합니다만 이것은 영어의 '플레이'(play)와 마찬가지로 악기를 연주하거나 연극을 상연할 때도 사용하는 동사입니다. 명사형은 '슈필'(Spiel: 놀이)이 됩니다. 예술활동에 쓰이는 낱말인데 어째서 그림이나 문학에는 쓸 수 없는지 이상하게 여겨지기도 합니다. 『크루거 어원사전』에는 '슈필'은 원래 '춤'을 가리키는 것이 아닐까 한다고 적혀 있습니다. 그렇습니다. 핑퐁 타마(靈)[8]도 마음껏 춤을 추면 좋겠어요. 언어도 춤을 추기를. 춤춘다고 하면 무언가에 홀려 움직이는 듯한 느낌도 있습니다. 이성의 통제가 구석구석 미치지 못해 정체 모를 힘이 작용하는 것이 아닐까 의심하고 싶어지는 수상쩍은 느낌이죠. 하지만 쓴다고 하는 일에도 그러한 춤의 요소는 다분히 포함되어 있습니다. 그러니 이따금 '시(詩)를 놀다'라고 하고 싶어지는 것이죠.

2007년 5월 7일

---

[8] 핑퐁 타마(靈): 코또다마가 '언어의 정기'를 뜻하는 것처럼 핑퐁 타마도 '핑퐁의 정기'를 의미한다.

그림 그리기 놀이에
빠져 있는 어린아이처럼

서경식이   타와다 요오꼬에게

    타와다 요오꼬씨, 정말 어느새 초여름이군요. 한국에 살면서 계절의 변화가 얼마나 빠른지, 놀라고 있습니다. 바로 얼마 전까지 영하의 추위에 떨고 있었다 싶은데 매화, 개나리, 벚꽃, 목련, 철쭉 순으로 꽃들이 피어났습니다. 피어났다기보다 (불꽃이 터지듯이) 터졌다고 하고 싶을 정도랍니다. 그런 생각을 하다보니 어느새 신록. 이런 어지러움은 뭐랄까, 이 땅에 살고 있는 사람들의 심성에도 영향을 주는 것 아닐까요? 매사에 '우물쭈물'이라는 것이 없답니다.
    그건 그렇고, '타마' 이야기를 합시다. 조선어엔 한자어와 고유어가 있지요. '타마'는 한자어로는 구슬옥(玉)이지만 조선 고유어에선 공, 구슬, 알이라고 하는 세개의 낱말이 있는 모양입니다. 공은 구기에 사용하는 '볼'(ball)이라는 뜻으로 당구의 '타마'도 이것이죠. 구슬은 '옥(玉)' '진주(珠)' '유리알' 등의 의미가 있어 무기적인 '타마'를 가리키는 모양입니다.

한편 알은 '(조류나 파충류의) 알' '(작고 둥근) 열매' '구슬' '진주' '탄환' '안경렌즈' '(사탕이나 쌀 등의) 입자' 등의 뜻입니다.

'생명이 태어나는 곳에서도 중요한 역할을 하고' 있는 '타마'에 해당되는 것은 아무래도 '알'이라는 말 쪽인 듯합니다. 이 말 앞에 '불'이라는 말을 붙이면 고환을 뜻하게 됩니다. 불과 알이 붙어서 프랑스어처럼 연음되면서 '부랄'이라고 발음합니다. 어쩐지 발음까지 그럴듯하지 않습니까? 불은 '불〔火〕'을 뜻합니다. 그 정교한 기관은 일본어로는 '황금의 타마' 조선어로는 '불의 타마'인 것이죠. 정말 제대로 만들었죠. 도대체 누가 생각해서 이런 식으로 이름을 붙인 것인지, 무심결에 감탄하고 말았습니다.

알에 관한 여담 하나. 이번 겨울, 중국 옌뻰 조선족 자치구를 방문했을 때, 그곳 사람 안내로 어느 조선족 마을에 들어가 지방 명물요리를 만드는 집에서 점심을 먹게 되었습니다.

수프는 야생의 조그만 새를 뼈째로 다져 만든 고기완자를 넣은 맑은 국. 쎌러드는 사슴고기와 산채를 버무린 것. 그리고 주요리, 그것은 개구리 통찜이었습니다. 프랑스요리처럼 살집 좋은 다리만 나오는 것이 아니라 중간크기 개구리가 열마리쯤, 만세라도 부르는 듯한 모습 그대로 찜이 되어 있는 거죠. 잠시 주눅이 들어 있자니까 그 동네 사람이 "어서 드세요. 알배기랍니다" 하며 권하더군요. '알을 배고 있다'는 뜻이니 개구리의 배가 이상하게 부풀어 있는 것은 알이 가득 담겨 있기 때문임이 분명합니다. 거의 맛보기 힘든 고급 진미라는 거죠. 열빙어[9]를 먹으면서 개구리를 못 먹는다는 법이 있나, 그렇게 스스로를 격려하며 베어물었더니, 껍질 젤라틴의 끈적한 감촉과 담백한 살맛, 쌉싸름한 알의 감칠맛이 섞여 뭐랄까, 미묘하게 맛있었습니다.

그런데 지난달 받은 편지(4월 17일 '여행')에 '뉴욕에서 펜실베이니아주로 가는 차이나타운 버스'라는 말이 있었습니다. 아마 그런 버스가 실재하는 것이겠지만 그렇게 쓰시니 마치 환상적인 시어처럼 들리는군요. 몇번이나 소리내어 읽었습니다만 너무나 기기묘묘해서 상상력이 용솟음칩니다.

그 버스는 금색과 붉은빛으로 화려하게 칠해져 있다. 문에는 '천객만래(千客萬來)'라든가 '소문래복(笑門來福)'이라든가 하는 글씨들이 붙어 있고. 차 안에는 붉은 등이 줄줄이 매달려 있으며 테레싸 텡[10]의 가요가 끝없이 흘러나오고 있다. 승

---

[9] 알을 밴 상태로 통째 구워먹는 작은 생선으로 '시샤모'로 많이 알려져 있다.
[10] 테레싸 텡(Teresa Teng, 1953~95): 타이완에서 태어난 여가수로 중국식 이름은 떵 리쥔(鄧麗君)이다. "중국인이 있는 곳에서는 언제나 테레싸 텡의 노래가 흐른다"고 할 정도로 아시아 전역에서 공전의 히트를 쳤다.

객인 중국인들은 다들 얼굴을 비스듬히 위쪽으로 들고 새하얀 치아를 보이며 파안대소하고 있다. 그리고 경음기를 요란하게 울려가며 마천루 거리를 맹스피드로 달려간다…… 이런 상상이 솟아오르는 것은 요즈음 전세계를 석권하고 있는 중국의 컨템퍼러리 아트(Contemporary Art: 동시대 미술)의 영향일까요? 저는 토오꾜오의 모리미술관, 샹하이 비엔날레, 스위스 베른미술관 등에서 수많은 작품들을 보았습니다. 그 기본에 있는 것은 불일치가 주는 재미라고 생각합니다.

예를 들어 샹하이 현대미술관에서 본 어떤 작품은 키가 한 10센티미터쯤 되는 작은 인형들이 교실 모형 같은 좁은 공간에 쫙 늘어서 있는 것이었습니다. 자세히 보면 그것은 공산당 집회입니다. 슬로건이 걸려 있는 단상에서 인형 하나가 팔을 치켜들고 연설을 하고 있습니다. 다른 인형들은 회장에 질서정연하게 줄지어 앉아 연사에게 박수를 치고 있습니다. 그런데 그 인형들 모두 복장은 인민복인데 머리는 변발인 거예요. 무심결에 웃음을 터뜨리고 말았습니다. 공산당 집회와 변발이라고 하는 불일치는 현재의 공산당에게 청조(淸朝)ʼ 말부터 변함없는 전근대적 체질이 계승되고 있다는 풍자일까 생각하고, 아니 이런 식의 이해는 분명 너무 단순한 거야 했다가, 하지만 작가는 의외로 단순히 재미있어 하고 있는 것뿐일지도 모른다고 다시 생각했다가 하며 흥미가 그칠 줄 모릅니다.

현재 중국인들에 의해 이런 작품들이 대량으로 만들어져 나오는 배경에, '사회주의 시장경제'라는 거대한 불일치가 있다는 것은 틀림없습니다. 자기모순이나 양가감정을 품은 채 살아남기 위해서는 '놀이'가 필요한 것이죠. 제 인상을 한마디로 표현하자면, 중국 현대미술의 특징은 전혀 어색해하거나 주저하지 않는, 그리고 한계를 모르는 '놀이'에 있습니다. 한계를 뚫고 나가면 광기로 전화되리라 싶은, '놀이'라고 하는 것이 본래적으로 지닌 으스스한 매력까지를 느끼게 하는 세계입니다.

이번 편지에서도 언급하신 송현숙씨를 제가 처음 만난 것은 2004년 가을, 그녀의 고향에서였습니다. 그곳은 옛이야기라든가 먼 기억 속에나 있을 법한 산촌이었습니다. 마을이름도 무월리(撫月里)라고 합니다. 달을 어루만지는 마을이라니, 얼마나 멋스러운가요. 송선생은 이 마을에서 태어나 자랐고 70년대초에 간호보조원으로 독일에 건너갔습니다. 계약대로 3년을 근무하고 1년 더 정신병원에서 근무하고 있을 때 그림 그리는 일에 눈을 떴다는군요. 간호원으로서의 계약기간을 마치고 나서 예술대학에서 그림을 배웠고 화가가 되어 함부르크를 거점삼아 창작활동을 계속하고 있는데, 이때 마침 고향 무월리에 귀향중이었던 것이죠.

그녀는 어린시절부터 그림일기를 쓰는 습관이 있었다고 합니다. 당시 산촌에 화장실 휴지 같은 것이 있을 리 없으니 그 대신 그림을 그린 종이들을 사용하고 변소에 버렸다며 웃었습니다. 지금 생각하면 아깝지요. 아이들 놀이 중에 달리기니 고무줄놀이 같은 체육계, 말잇기라든가 카드놀이 같은 언어계, 그리고 그림 그리기 같은 미술계라는 세종류가 있다고 하면, 그녀는 미술계였던 것이죠. 저 역시 체육계에는 약하고 말수가 적었으니 어느 쪽인가 하면 미술계였습니다. 종잇조각과 연필만 있으면 혼자서 낙서를 하면서 언제까지나 질릴 줄을 몰랐거든요.

저는 크면서 그림 그리기 놀이를 잊어버렸지만 송선생은 독일로 건너가서도 계속해서 그림일기를 썼습니다. 텔레비전이나 라디오를 통해 알게 되는 한국에서의 사건들에 자극을 받아 마음에 떠오르는 것들을 자유롭게 그려왔다고 합니다. 보여주신 그림일기의 어느 페이지엔가, 군사정권 시절 한국에서 정치범으로 투옥당했던 제 형들이 그려져 있었습니다. 송선생은 당시 먼 독일에서 그 뉴스를 들었다고 합니다. 그런데 제가 그림에 빠져 있자 그녀가 느닷없이 그 페이지를 뜯어내려 하지 않겠습니까? 당황해서 말렸더니 그 그림을 저에게 주겠다는 것입니다. 마치 농촌의 아낙네가 밭의 가지나 토마토를 따서 멀리서 온 손님을 대접하는 듯한, 꾸밈없고 자연스런 태도였습니다. 화가는 자신의 작품을 더욱 소중히 여겨야 합니다, 이 작품은 미술관에 보존되어야 해요, 하고 제가 그녀를 설득해야 했습니다.

지난 편지에서도 전해드렸지만 저는 3월말, 빈에 다녀왔습니다. 보슬비가 내리던 어느날, 전차와 버스를 갈아타가며, 교외의 마리아 굿깅(Maria Gugging)이라는 마을에 있는 정신과 전문요양소를 방문했습니다. 그곳에 있는 '아르뷔르 쎈터'(Art/Brut Center)는, 요양소 안 '예술가의 집'이라는 시설에 사는 환자들의 작품을 전시하는 미술관입니다.

지금부터 10년도 더 된 일이지만 미야기 마리꼬(宮城まリ子)씨가 이 시설을 찾아가는 다큐멘터리 방송을 본 적이 있습니다. 환자 한명이 식당 테이블에 앉아 놀랄 만한 집중력을 발휘하며 세밀화를 그리고 있었습니다. 날마다 정해진 시간에 그 지정석에 앉아 한눈도 팔지 않고 그림을 그리는 것이 그 사람의 엄격한 일과인 것이죠. "뭘 그리고 계시는 거예요?" 하고 미야기 마리꼬씨가 상냥하게 말을 붙이며 옆에 앉으려 하자, 그는 예상치 못한 반응을 보였습니다. 불쾌한 표정으로 "방해하지 말고 저리 가" 하고 말한 겁니다. 멋진 한순간이었습니다. 상대방이 저 멀리 일본에서 촬영을 하러 왔다든가 유명한 여배우라는 것 따위, 전혀 신경쓰지 않는 겁니다. 그림 그리기 놀이에 빠져 있는 어린아이처럼 그는 자기만의 상상력의 성에 있는 당당한 성주인 것이죠. 이 장면을 본 순간부터 저는 언젠가 그곳을 가보고 싶다고 소원하고 있었습니다.

통상적으로 '정신병 환자'라든가 '지적 장애자'라고 불리는 사람들의 예술작품에 처음 주목한 것은 한스 프린츠호른(Hans Prinzhorn)이라는 독일의 정신의학자입니다. 그는 1922년에 출판된 저서에서 역사상 처음으로 정신병 환자를 '예술가'라 불렀습니다. 하지만 그후 대두한 나찌는 우생주의 이데올로기에 입각해 수만명의 정신병 환자와 장애자 들을 체계적으로 말살했습니다. 그들의 예술이 높은 가치를 지녔음을 인정하고 아르뷔르(Art Brut), 프랑스어로 '적나라한 예술'이라 이름 붙인 것은 장 뒤뷔뻬(Jean Dubuffet)였죠. 그는 다음과 같이 썼습니다.

> 구시렁구시렁 혼잣말을 하고, 졸업증서가 아니라 양치기의 지팡이를 휘두르는 방랑자와 환각자 들이야말로 예술의 영웅이며 성자다. (…) 여기서 분명히 해두어야 할 것은 '광기'라는 낱말의 정확한 의미다. 창살 안에 있는 자와 밖에 있는 자, 어느 쪽이 광인인지 잘라 말할 수 있는 자가 있을까? (『아웃싸이더 아트』)

우리들 대부분은 '정상'과 '비정상'이라는 관념상의 경계선을 긋고 그것의 이쪽 편에 자신을 가두어둠으로써 안심하고자 하는 것 같습니다. 그런 우리들은 언제라도 '이상한 자'를 만들어내고 배제하며, 학살하는 폭력의 가담자가 될 수 있겠지요. 이 경계선은 또한 '일'과 '놀이' 사이에도 그어

마리아 굿킹 요양소 내의 '예술가의 집' 일부

져 있습니다. '그런 건 놀이에 불과해'라는 상투적인 말이 때로는 얼마나 커다란 폭력을 휘두르기도 하는지.

마리아 굿킹 요양소에 심리요법을 위한 아트쎈터가 창립된 것은 1981년, 그것을 '예술가의 집'이라 개칭한 것은 1986년의 일입니다. '환자들의 작품과 미로, 삐까소, 에곤 실레 같은 화가들의 작품들에는 본질적으로 아무런 차이도 없다, 환자가 치료를 위해 그림을 그리는 것이 아니라 환자이기도 한 예술가가 창작을 하고 있는 것이다'라는 생각이 개명의 이유였다고 합니다.

아르뷔르쎈터의 전시관에서 두사람의 낯선 중년남자가 저에게 다가오더니 악수를 청했습니다. 짐작건대 그들도 환자인 듯했습니다. 그 가운데 한명이 제 얼굴을 물끄러미 들여다보면서 더없이 느긋한 어조로 물었습니다. "당신도 이곳의 예술가인가요?" 마치 경계선 너머에서 오는 정중한 권유와도 같았습니다. 저는 악수를 하면서 "아뇨, 그렇지 않습니다"라고 대답하고 "유감스럽게도" 하고 덧붙였습니다.

2007년 5월 14일

활짝 갠 창공이 끝을 알 수 없는 흑암(黑闇)으로 보이듯이,
지나치게 밝은 빛은 어둠과 통하는 듯합니다.

다섯번째 편지  빛

이 모든 것이 있었던 일인지
있을 수 있는 일인지

서경식이  타와다 요오꼬에게

타와다 요오꼬씨, 여름 햇빛 넘치는 서울에서 다섯번째 편지를 드립니다.

頭蓋骨後頭部割レ
片脚切レテ
人在リヌ

두개골 뒷머리 쪼개지고
한쪽 다리 잘려
사람 있었네

당신에게서 세번째 편지(4월 17일 '여행')를 받고 나서부터 이 짧은 시구가 되살아나 지워지지 않습니다. 그 편지 마지막 부분에서 당신은 만원 중앙선이 멈추어버렸을 때 전차 안의 침묵에 대해 이렇게 쓰셨습니다. "전차를 일시정지시킨 원인이 된 '추락자'의 운명과 자신의 운명은 거기서 얽혀버리는 것이니, 이쪽은 전차에 타고 있는 사람, 저쪽은 선로에 떨어진 사람이라고 나누어버릴 수는 없는 것입니다."

저라면 오히려 그런 순간, '추락자'와 저의 운명이 확연히 갈라져버린 것이라고 느끼겠지만, 당신이 아니면 할 수 없을 이런 표현을 보며 가벼운 놀람과 동시에 그렇구나 하고 짚이는 부분도 있었습니다. 일본에서의 제 거처는 당신이 자란 곳이기도 한 쿠니따찌시에 있고 직장은 고꾸분지(國分寺)시에 있습니다. 그러니까 중앙선이 갑자기 멈추거나 지연되거나 하는 일에는 익숙하다고도 할 수 있겠지만, 그럴 때마다 만원전차 안에서 무거운 침묵을 꼼짝없이 견디고 있는 제 뇌리에는 앞에서 인용한 3행이 마치 띠광고처럼 계속 흘러가는 겁니다.

위 인용은 사또오 하루오(佐藤春夫)가 쓴 하라 타미끼(原民喜)[1] 추도시의 일부입니다. 하라 타미끼는 1951년 3월 13일

---

[1] 하라 타미끼(原民喜, 1905~51): 일본의 소설가이자 시인으로 히로시마에서 태어났다. 2차대전 전후 전쟁의 잔인함을 고발하는 작품을 썼는데, 만성적 병약함과 염세적 세계관으로 고통받다 1951년 전철 선로에 몸을 던져 자살했다.

심야, 키찌죠오지와 니시오기꾸보 사이의 선로 위에 몸을 눕혔습니다.

이런 식으로 연상이 연결되어간 것은 마침 두번째 편지를 받은 것과 같은 시기에 당신과 요시마스 고오조오(吉增剛造)의 대담을 읽은 까닭이기도 하겠지요(「하얀 빛, 가시의 언어」, 『현대시 수첩』 2007년 5월호). 그 대담에서는 '카따까나의 세계'가 화제가 되면서 요시마스씨가 "하라 타미끼의 유명한 소설(『여름꽃』이겠지요?)에서도 가장 핵심적인 부분에 이르면 카따까나가 됩니다"라고 말씀하고 계시더군요.

하라 타미끼가 자살한 해에 태어난 저는 소위 카따까나 세대라고는 할 수 없지만 요시마스씨가 이야기하는 "'시대적 상처'로서의 카따까나"라는 감각은 어느정도 알 듯한 기분이 듭니다. 이 대담에서 당신은 "카따까나의 할퀸 상처 같은 느낌과 칙칙 침이 튀는 듯한 강렬함"을 언급하셨습니다. 정말 그렇죠. 앞서 인용한 시구에는 '레(レ)' '레떼(レテ)' '리누(リヌ)'라는 도합 5개의 카따까나가 사용되고 있을 뿐이지만 이것을 '레(れ)' '레떼(れて)' '리누(りぬ)'라고 히라가나로 바꿔보면 완전히 인상이 달라져버립니다. '레(レ)'라든가 '리(リ)'와 같은 글자모양은 날카로운 칼처럼 보는 이의 시각을 베어놓습니다. 그것이 전보문에 통하는 극도의 간결함과 함께 독특한 시적 효과를 발휘하는 것이겠지요.

그러고 보면 전보라는 통신수단 자체가 이제는 과거의 유

물이 되어버렸습니다. 제가 대학입시를 치를 무렵에는, '벚꽃 피다(サクラサク: 합격)'라든가 '벚꽃 지다(サクラチル: 불합격)'라고, 전보로 합격 여부를 통지하는 전통이 있었습니다. 학교 정문이나 오오꾸마 강당² 부근에는 합격통지 전보를 보내는 일을 맡은 아르바이트 학생들이 텐트를 치고 있었죠. 십년 후배쯤 되는 당신의 시대에도 여전히 그런 관습이 남아 있었습니까?

그런데 독일어에도 마치 수염이 난 것 같은 장식적인 문자가 있더군요. 아랍어라든가 페르시아어 문자도 대단히 세련된 모양이고 컬리그래피 문화가 발달해 있습니다.

조선어 세계에도 한자는 물론 합리적인 표음문자인 한글을 사용한 서예(일본의 쇼도오書道에 해당하는)가 대단히 발달해 있습니다. 하지만 유감스럽게도 일본어를 모어로 삼고, 인생의 반 이상을 일본어 세계에서 살아온 저로서는 이러한 각 언어세계에서의 문자의 시각적 효과에 대해서도 막연한 상상을 할 수밖에 없습니다.

요시마스씨의 지적대로 하라 타미끼는 『여름꽃』의 핵심 부분에서 명료한 의도를 가지고 카따까나 시를 끼워넣었습니다. 아래에 인용해보겠습니다.

---

2 오오꾸마(大隈) 강당: 와세다대학 내에 있는 강당으로 이 대학을 상징하는 유명한 곳이다.

괴로운 한순간, 발버둥치다가 굳어버린 듯한 수족은 일종의 야릇한 리듬을 머금고 있다. 어지럽게 얽혀 떨어져 있는 전선들이며 엄청난 파편들을 보고 있자니 허무 속에 경련(痙攣)적인 도안이 느껴진다. 하지만 순식간에 뒤집혀 불타버린 전차며 거대한 몸통을 던져 나뒹굴고 있는 말을 보면 어쩐지 초현실주의 그림 속 세계가 아닌가 싶어지는 것이다. (…) 이 주변의 인상은 아무래도 카따까나로 그려재끼는 편이 어울리는 것 같다. 그래서 여기에 그런 한구절을 삽입해둔다.

ギラギラノ破片ヤ
灰白色ノ燃エガラガ
ヒロビロトシタパノラマノヤウニ
アカクヤケタダレタニンゲンノ死體ノキメウナリズム
スベテアッタコトカアリエタコトノセカイ
パスト剝ギトッテシマッタ
テンプクシタ電車ノワキ
馬ノ胴ナンカノフクラミカタハ
ブスブストケムル電線ノニオイ

반짝거리는 파편
타다 남은 회백색 찌꺼기가
널따랗게 펼쳐진 파노라마처럼
빨갛게 불타 뭉개진 인간 시체의 기묘한 리듬
이 모든 것이 있었던 일인지 있을 수 있는 일인지
착 벗겨내버린 그뒤의 세계
전복된 전차 옆의
말 몸뚱아리 같은 것이 부풀어오른 모습은
지직지직 연기나는 전선 냄새

  여기서 작가가 '경련적인 도안'이라 말하고, '초현실주의 그림 속 세계'라 하고 나서, '써재끼는' 것이 아니라 '그려재끼는'이라고 하고 있는 것도 카따까나 표현의 시각효과를 강하게 의식하고 있었다는 증거이겠지요. 저는 이 부분을 읽으며 막스 에른스트(Max Ernst)라든가 안젤름 키퍼(Anselm Kiefer)의 예술세계를 연상합니다. "이 모든 것이 있었던 일인지 있을 수 있는 일인지" 있을 수 없는 일이 현실에서 일어났을 때, 현실은 '초현실'이 되고 그것을 기록하여 표현하고자 하는 언어행위는 의미라든가 개념의 전달이라는 틀을 넘어서, 혹은 일탈해서 마치 '초현실주의 그림'을 '그리는' 듯한 행위에 가까워질 수밖에 없습니다.
  하지만 저는 하라 타미끼의 작품을 접할 때, 단순한 표현효과라기보다 하라 타미끼라는 인물 그 자체가 훼손되고 있다는 느낌을 받습니다. 앞의 시 역시 훼손되어 있다고 여겨집니다. 3행과 4행 사이, 마지막 행과 그 앞줄 사이에 파괴적 균열이 일어나고 있습니다.

2년 전, 저는 대학 쎄미나에서 『여름꽃』을 다루었고 아직 늦더위가 지독하던 9월 중순, 학생들과 함께 히로시마를 찾아갔습니다. 『여름꽃』은 원자폭탄이 투하되었던 1945년 8월 6일 아침부터 이튿날에 걸친 기록입니다. 원자폭탄이 터지는 순간 우연히 변소에 있다가 즉사를 면한 하라 타미끼는, '이 일을 써서 남겨야만 한다'고 직감했고 한순간에 폐허가 되어버린 히로시마 거리를 헤매고 다닙니다. 거기서 그가 본 것은 '모든 인간적인 것'이 말살되어버린 '정밀공치(精密巧緻)한 방법으로 실현된 신(新)지옥'이었습니다.

현재를 살고 있는 자가 하라 타미끼가 써서 남긴 '신지옥'의 참상을 리얼하게 상상한다는 것은 사실 지극히 어렵습니다. 원폭자료관 등에 진열되어 있는 자료는 전쟁의 비참함, 피해의 잔혹함을 이야기해주지만 그것을 보는 대부분의 사람들에게는 자신의 일상생활과는 관계없는 오브제에 불과합니다. 한걸음 밖으로 나오면 자료관에서 보고 들은 것들이 기억의 서랍 속에 담기고, 나날의 생활이 그때까지와 마찬가지로 이어져가는 것이죠. 이러한 벽을 어떻게든 부숴야만 한다, 그렇게 생각하는 저는 학생들과 피폭 당일에 하라 타미끼가 헤맸던 길을 직접 따라 걸어보기로 했던 것입니다.

하라 타미끼의 조카뻘 되는 분의 안내로 우리는 그 길을 걸었습니다. '여기가 하라 타미끼의 생가' '여기가 도망쳐 다니던 여학생들을 만난 장소' '여기는 많은 주검들이 흘러오던 강' '이곳은 피폭자들과 하룻밤을 새웠던 신사' '이곳이 조카의 유해를 발견한 길', 이런 설명을 들으면서 땀을 닦아가며 하염없이 걸었습니다. 걸었던 장소의 어디에도 피폭 직후의 참상을 직접 상기할 만한 것은 남아 있지 않았습니다. 그런 '아무 일도 없었던 듯한 장소'에서 어떤 일이 있었던가를 상상하는 것이 제 자신과 학생들에게 부과된 과제였습니다. 말하자면 '현실'에 몸을 두고 '초현실'을 상상하고 느껴보려는 시도였지요. 안내를 해준 분은 마지막에 하라 타미끼의 낡은 수첩을 보여주시더군요. 거기엔 연필로 쓴 잔글씨로 피폭 당일의 극명한 메모가 남아 있었습니다.

하라 타미끼의 전후 작품들은 그 훼손 상태가 점점 심해져 「진혼가」라든가 「심원(心願)의 나라」에 이르면, 이미 의도했던 표현효과라는 영역을 완전히 일탈해갑니다.

저는 앞에 쓴 히로시마 여행 때, 히로시마에 들어오기에 앞서 쿠라시끼의 오오하라(大原)미술관에 학생들을 데리고 갔습니다. 거기 있는 조반니 쎄간띠니(Giovanni Segantini)의 「알프스의 한낮」이라는 그림을 보여주고 싶어서였습니다. 하라 타미끼에겐 같은 제목의 에쎄이가 있습니다. 전후 어느

조반니 쎄간띠니 「알프스의 한낮」 1892년
oil on canvas, 85.5×79.5cm, Ohara Museum of Art, Kurashiki

날, 호리 다쯔오의 『그림엽서』라는 글을 읽고 「알프스의 한낮」에 대한 사무치는 향수가 용솟음쳤던 하라 타미끼는 오오하라미술관에 있는 그 그림을 보기 위해 '연말의 살인열차에 몸을 던졌'습니다.

> 천창으로 비쳐드는 광선이 바깥의 구름을 따라 끊임없이 변화하고 있고, 그것이 또 눈앞에 있는 「알프스의 한낮」 위에 날카롭게 되비치고 있어 나는 양 치는 여인과 함께 쿡쿡 찔러대는 바늘 같은 것을 느끼고 있었다. 하지만 바로 옆에 있는 그레꼬의 「수태고지」가, 이 역시 너무나 커다란 그림자를 이쪽으로 드리우려 하는 것을 어쩔 수가 없었다.

이 문장도 망가져 있죠. '여인과 함께'라는 부분, '하지만'이라는 접속사 등이.

조반니 쎄간띠니는 독자적인 점묘화법을 짜내어 고원의 눈부신 빛을 캔버스에 묘사하려 했던 화가입니다. 빛에 홀렸던 화가라고도 말할 수 있겠지요. 활짝 갠 창공이 끝을 알 수 없는 흑암(黑闇)으로 보이듯이, 지나치게 밝은 빛은 어둠과 통하는 듯합니다. 극단적으로 인간을 혐오했던 그는 1899년, 스위스 남부 엥가딘(Engadin) 지방의 고지에서 세상을 떠났습니다.

「알프스의 한낮」은 얼핏 보면, '평화로운'이라든가 '목가

적'이라든가 하는 형용사가 더없이 어울리는 그림입니다. 고원의 목장에서 한 여성이 기묘한 꼴로 비틀린 관목에 기대어 눈부신 빛을 받고 있다. 한쪽엔 털을 깎은 양들이 모여 있고. 그녀의 표정은 모자 그늘 때문에 잘 보이지 않는다. 그뿐입니다. 그 평화로운 풍경화 속에서 하라 타미끼의 망가진 신경은 '쿡쿡 찔러대는 바늘 같은 것'을 느낄 수 있었던 것입니다.

피폭 5년 후, 1950년에 조선전쟁이 시작되고 같은 해 11월에 미국대통령 트루먼이 한반도에서의 원폭사용을 검토중이라고 언명했습니다. 연합국 총사령부(GHQ)가 레드 퍼지[3]를 행했고 경찰예비대 창설이 발령되었습니다. 이듬해 3월, 하라 타미끼는 자살했습니다.

> 하나의 탄식이여, 나를 꿰뚫어라. 무수한 탄식이여, 나를 꿰뚫어라. 나는 여기 있다. 나는 건너편에 있다. 나는 나의 탄식을 살리. 나는 튕겨져나온 인간이다. 나는 걷고 있다. 나는 돌아갈 곳을 잃어버린 인간이다. 내 곁을 걷고 있는 인간 (…) 저건 내 가 아 니 다. (「진혼가」)

피폭 경험은 하라 타미끼라는 한 인간을 부수고 부서진 인

---

3 레드 퍼지(Red Purge): 공산당원이나 그 동조자들을 직장, 특히 공직에서 추방하는 것. 일본에서는 GHQ의 권고로 언론관계자, 공무원 등이 다수 추방되었다.

간의 언어는 파국의 예감을 전하는 시가 되어 우리에게 남겨졌습니다. 하지만 우리 대부분은 닥쳐오는 전쟁의 위기에 둔감하고 눈앞에서 벌어지고 있는 살육에 무관심합니다.

　정말 당신이 말씀하신 대로 중앙선이 멈춰설 때마다 저는 저와 하라 타미끼의 운명이 뒤섞여버리는 것을 느끼고 있었던 것인지도 모르겠군요. 하지만 저에겐 그와 동시에 오히려 '현실'로부터 '초현실'로 쫓겨난 그, '존재'의 세계에서 '무'의 세계로 사라진 그, '건너편'에 있는 그가 '이쪽'에 있는 우리를 가리키며 '저건 내 가 아 니 다'라고 말하고 있는 것처럼 생각되기도 하는 것입니다.

2007년 6월 4일

이것이 문명이 아니고
무엇일까요

타와다 요오꼬가   서경식에게

베를린으로 이사하고 어느새 1년 4개월이 지났습니다. 함부르크에서 400킬로미터밖에 떨어져 있지 않은데, 바다가 조금 멀어진 것만으로 이렇게나 빛의 상태가 달라지는 것일까 놀랍습니다. 함부르크의 하늘에는 북해의 빛이 가득 차 있어 그대로 스칸디나비아까지 이어져 있는 듯이 보입니다. 제가 '스칸디나비아의 하늘'이라고 부르는 하늘은, 맑은 날 차갑게 갠 하늘입니다. 냉담한 것은 아니지만 투명한 까닭에 차갑다고 느끼게 되는 것이죠. 특히 날씨가 추워지면 그 특징이 더 도드라집니다. 겨울의 태양은 가혹할 정도로 날카로워서 길을 걷다가 쇼윈도 안의 거울에 비친 제 얼굴을 보고 흠칫했습니다. 빛이 얼굴의 세포 하나하나를 날카롭게 도려

내고 발가벗겨 분석이라도 하듯이 비추어내는 것입니다.

몇년 전, 저는 함부르크에서 쮜리히로 가는 야간열차를 타고 침대에 누워 토마스 만(Thomas Mann)의 『마의 산』(*Der Zauberberg*)을 다시 읽었습니다. 주인공 한스 카스토르프가 함부르크에서 밤기차를 타고 스위스의 요양소로 향해 가는 처음 부분을 읽으면서 순간 제가 한스와 같은 길을 따라 이동하고 있다는 것을 깨달았습니다. 한스는, 이성적인 북독일을 떠나 스위스의 산속으로 들어가고 있구나 하고 생각하는 순간 '고향과 질서'를 잃어버린다는 불안을 느낍니다. 저는 오히려 그 불안에 위화감을 느꼈습니다.

북독일이 이성적이라는 고정된 이미지는 지금도 통용됩니다만, 스위스의 생활조건이 '빈약하다'는 이미지는 오늘날 없는 듯합니다. 스위스의 산에도 여러가지가 있지만 적어도 요양소가 있을 만한 장소라면 문명으로부터 동떨어졌다는 느낌은 전혀 없습니다. 곳에 따라서는 스위스의 산속이 독일 대도시의 환락가보다 훨씬 더 문명을 느끼게 만듭니다. 문명이라고 해도 물론 빌딩이 잔뜩 서 있다거나 포장도로가 있다거나 하는 의미는 아닙니다. 일본과는 달리 산을 멋대로 깎아내거나 도로를 쓸데없이 만들거나 하지는 않으니까 주변을 둘러보면 한폭의 완벽한 풍경화가 펼쳐져 있는 거죠. 요란스런 기념품가게도 없고 쓰레기도 떨어져 있지 않은 산속에, 사람 손이 닿지 않은 듯이 보이지만 걷기 좋은 쾌적한 길이 이어집니다. 전선도 자동차도 눈에 띄지 않도록 마음을 썼습니다. 이것이 문명이 아니고 무엇일까요? 꽤 깊이 산속으로 들어왔나 싶으면 청초한 목조 레스토랑이 나타나고 안으로 들어서면 새하얀 테이블보 위에 은제 포크와 나이프가 놓여 있기도 합니다. 소박한 듯하지만 실은 세련된 것입니다. 그것을 보노라면 거꾸로 주변의 나무들도 하늘도 새들도, 어쩌면 스위스인들이 정밀하게 디자인해놓은 것일지도 모른다는 생각이 듭니다.

그렇다고 해서 정원처럼 규모가 작은 것은 아니고 광대합니다. 4천미터급 산들이 지평선까지 눈이 닿는 곳마다 이어져 있습니다. 그것은 분명 대자연이지만 '문명의 손이 닿지 않은 장소'라고 하는 환상에 대한 불안을 '흑암'이라 부르고 그것을 갖다 붙이기엔 스위스는 적당치 않은 듯합니다.

스위스 산속에는 전쟁이 일어나면 주민 전원이 숨을 수 있을 정도의 대피소가 마련되어 있다는 신화 역시 스위스 산들에게 문명의 산물, 엔지니어와 정치가가 협력하여 만든 설비라는 이미지를 갖게 하는 것이라고 생각합니다. 스위스는 2차대전 중에도 정치적 중립을 지켜 많은 지식인들이 스위스로 도피할 수 있었습니다. 물론, 익명계좌에 돈을 맡겨둔 채 죽음을 당한 유대인들의 재산으로 스위스은행이 전후 윤택해졌다는 것도 알려져 있습니다만, 그래도 살해하는 데 손을 더럽힌 것도 아니었고 살해를 피해 도망온 이들을 받아들였다는 사실은 달라지지 않습니다.

　북독일에서 스위스로 들어갈 때 한스뿐 아니라 지금도 불안을 느끼는 사람이 있지만 그것은 경제적·정치적인 것이 아니라 빛과 그림자가 직접 육체에 미치는 작용에 기인하는 듯합니다. 함부르크 출신의 제 친구들 중에도 "높다란 산들이 가까이 다가오면 그것만으로 울적한 기분이 든다"는 이들이 몇이나 있습니다. 저 자신은 산이 다가오면 기대감으로 가슴이 울렁거리기는 하지만 우울해지는 일은 없습니다. 산맥과 대양 사이에 끼어 있는 곳에서 살 수밖에 없는 일본의 혼슈우(本州)에서 온 저는, 오히려 바다가 가깝다고 해서 산이 먼 것은 유감스럽습니다. 바다도 산도 가까이 다가와주었으면 싶은 거죠.

　하지만 함부르크 근처는 오로지 평지, 북쪽은 바다, 그러고는 어느 쪽이든 수백 킬로미터를 가지 않으면 산 같은 것은 보이지도 않으니 산 때문에 빛이 차단되는 일은 없습니다. 네덜란드도 마찬가지랍니다. 언제나 밝기만 한 것은 아니라 오히려 비가 많이 오고 겨울엔 특히 햇빛이 부족하지만, 우중충한 하늘이 내려앉아 움직이지 않는 것은 아니라서 구름이 세찬 바람에 눌려 하늘을 계속 이동하고 있으니 개었나 싶으면 금세 흐려지고 어둡다 싶으면 또 금세 해가 나곤 합니다. 그에 비하면 커다란 산이 만드는 그림자는 바람에 날려가는 일 같은 건 없는 무겁고 깊은 그늘입니다.

저는 침대차 속에서 『마의 산』을 읽다가 어느새 잠이 들어 버렸습니다. 그리고 하나의 밤을 빠져나가 완전히 다른 빛의 세계에 도착했습니다. 그것은 밝은 곳으로부터 어두운 곳으로 가는 것이 아니라, 또는 그 반대도 아니고, 하나의 빛의 존재양식으로부터 또 하나의 빛의 존재양식으로 이동한 느낌이었습니다. 쮜리히에서 다시 『마의 산』의 무대였던 다보스 근처 장크트모리츠로 들어가 일 때문에 얼마간 그곳에 머물렀습니다.

알프스는 아름답지만, 어쩐지 사람을 불안하게 합니다.

『마의 산』의 한스는 폐가 좋지 않아 요양중인 사촌형제를 찾아갑니다. 한스 자신은 아프지 않지만, 요양시설에서 환자들과 지내는 동안 시간감각이 변하여 체류기간이 길어지고 폐에 그늘이 나타나기 시작하죠. 당시로서는 새로운 것이었던 뢴트겐 기술이, 놀라움을 담아 자세히 묘사되고 있습니다. 신체의 내부를 꿰뚫어 보여주는 빛은, 근대의학에 감사하게 여기도록 하기보다는 오히려 죽음을 비춰 보이는 시선과도 같습니다.

신체에 빛을 비추어 진찰한다는 것에는 일종의 잔인함이 동반되는 듯합니다. 비추어짐으로써 어떤 연결이 끊어지고 입자가 보이기 때문일지도 모릅니다. 매끄러운 피부가 실은 따로따로 떨어진 세포로 되어 있다는 것, 유연한 보행이라는 것도 실은 피부와 근육과 뼈가 각각 따로 움직이고 있는 것이라는 사실. 연결이라는 것이 애당초 있는 것이 아니라는, 연결이라는 것은 움직임 속에서 그때그때 만들어지는 것이라는 이야기일까요?

세포조차도 하나의 덩어리가 아니라 그것을 구성하는 더 작은, 분자나 원자 하는 식으로 점점 더 작은 단위로 나누다 보면 한없는 작은 알갱이들로 되어 있는 것이겠지요. 무수한 원자들은 서로 붙어 있는 것이 아니고, 그것들 사이에 빈틈이 있어 제각각 공중에 떠 있다고 합니다. 서로 강력한 힘으로 당기긴 하지만 들러붙어 있는 것은 아니죠. 물론 보통의 눈으로 보면 한 인간의 육체는 하나의 덩어리로 보입니다만 그것은 실은 끊임없이 개별적 입자들의 관계성 속에서 만들어지고 있다는 것이겠지요. 붓끝으로 찍어 그린 듯한 인상파의 풍경화를 볼 때면 저는 늘 이 생각을 하게 됩니다.

언젠가 고흐의 자화상만을 모아놓은 전람회를 함부르크에서 본 적이 있습니다. "나는 고흐를 그다지 좋아하지는 않지만 프랑스에 가기 전과 후의 자화상의 차이가 정말 재미있어"라는 친구의 말에 관심이 생겨 가본 것입니다. 초기 작품은 어둑함 속에 희미하게 얼굴이 보이는 자화상이었습니다. 본인은 그다지 즐거워 보이지 않지만 그건 단지 심리적인 문제일 뿐 어떻게든 되겠지, 하는 듯한 안심하고 볼 수 있는 그림이었습니다. 아마도 그 어둠 속엔 한 인간이 있을 수 있는 '장소'가 있는 것이겠죠. 그런데 프랑스에 와서는 고통스러울 정도의 빛 속으로 끌려나와 눈꺼풀이 아프게 비틀립니다. 마치 피고석에 끌려나와 조명이 비춰지고 "너는 누구냐?"라고 심문을 당하고 있는 것 같습니다. 너는 누구냐고 물어도 곤란한 것이, 느닷없이 이런 빛 속으로 끌려나온 탓에 어쩌다가 이런 얼굴이 나타나버렸다. 그 얼굴이 '나'라고는 하지만 자신을 향해 일방적으로 비춰오는 강렬한 빛 속에는 몸둘 곳이 없다. 그러니 빛줄기와 같은 방향으로부터 이 '나'인 듯한 존재를 아무리 바라본들, 별수가 없는 것이다. 거울을 들여다보는 것은 관두고 빛의 분산으로서의 피부를 잡아내고 싶다. 나무들도 집도 구름도 모두 마찬가지로 날아다니는 입자들의 무리이고, 의자나 바닥의 판자도, 헝겊도 풀도, 가로등 불빛도 무수한 움직임으로 구성되어 있다. 인간 역시 그 가운데 하나가 아닌가? 그런 생각을 하면서 저는 일련의 자화상을 보았습니다.

장크트모리츠에 머물면서, 누가 가르쳐주기에 쎄간띠니 미술관까지 걸어서 갔었습니다. 그 사실을 까맣게 잊어버리고 있었는데 주신 편지를 보다가 갑자기 생각이 났습니다. 당시엔 쎄간띠니에 관해 아무런 예비지식이 없던 저는 미술관에 도착해서 아무도 없는 묘하게 조용한 방에 발을 내디디면서 한점의 풍경화와 마주섰습니다. '밝은 풍경, 하지만 어딘가 마음에 걸리는 것이 있어'라는 것이 첫인상이었습니다. 특히 마음에 걸리는 것은, 제가 잘못 기억하는 것이 아니라면, 하얀 블라우스에 하얀 양산을 쓴 여성의 모습이었습니다. 멀어서 얼굴은 잘 구분되지 않지만 뇌리에 한번 아로새겨지면 사라지지 않을 모습이었습니다. 저는 그 빛에 불안을 느꼈고 그것을 기억했습니다만, 그때는 저 자신과 연관지어 생각할 만큼 감성이 열린 상태가 아니었습니다. 그러니 그냥 그대로 산길을 걸어 태평스레 호텔로 돌아올 수가 있었겠지요. 하지만 생각해보니, 알프스에 가까워질 때면 빛이 두려워지는 것은 그 일 이후인지도 모르겠습니다.

그럼 다시 한번 야간열차를 타고 북쪽으로 돌아가보죠. 네덜란드의 빛에 관심을 갖기 시작한 것은 아베르캄프(H. Avercamp)의 스케이트 그림을 본 후부터입니다. 흐린 하늘이 비치고 있는 얼음 위에서 스케이트를 타는 사람들의 모습이 문자처럼 선연하게 떠올라 보이는 그림인데, 그 얼음의 회색빛 광채는 아무리 보아도 질리지 않았습니다. 그리고 로이스달(J. Ruysdael)의 대규모 전람회가 함부르크에서 있었고, 다시 구름을 다룬 여러 화가들의 작품을 위한 테마전에서 또 한번 그의 그림을 만나면서, 저는 흐린 하늘의 가라앉은 광채에 더욱 더 매료되어갔습니다. 그림에 관해서는 아마추어인 제가 서선생님께 이러쿵저러쿵 그림 이야기들을 늘어놓고 있다는 사실을 문득 깨닫고 무심결에 쓴웃음이 나옵니다만, 실제로 네덜란드의 빛이 보이게 될 때까지 네덜란드 풍경화와의 만남이 있었다는 사실을 써두지 않고는 어쩐지

아베르캄프 「겨울풍경」 1608년
oil on wood, 88×132cm, Rijksmuseum, Amsterdam

안정이 되질 않아서요.

　풍경이 아니라 어두컴컴한 실내의 빛을 그린 작품도 많이 있지요? 베르메르(J. Vermeer)를 보고는 빛이 이렇게나 확실히 언어로서 나타날 수도 있구나 싶어 놀랐습니다. 뙤약볕 태양이 아니고, 종교화에 비치는 눈부시고 고마운 신의 빛도 아닌, 조그만 창으로 흘러드는 약한 빛 속에서 헝겊이나 나무의 질감이 강하게 다가오는 것입니다. 방은 좁고 그다지 밝지 않지만 방에 세계지도가 걸려 있다든가 하는 거죠. 또는 그런 방에서 여성이 편지를 읽고 있어서 연인이 동인도회사의 배에 타고 있는 것은 아닐까 생각하게 만들기도 합니다. 지금 여기 있는 조그만 사물에도, 어처구니없이 먼 곳까지 날아가버릴 것 같은 입자의 운동이 있는 것입니다.

　괴테의 『이딸리아 기행』을 읽을 것도 없이, 이딸리아에 대한 동경이 독일어 문화의 한자락을 이루고 있는 것은 확실하고 그런 경우에도 빛이 화제(話題)가 되는 일이 많은 것은 분명하지만, 실제로는 북독일 사람이 가장 많이 휴가를 가는 나라는 통계에 의하면 네덜란드라고 합니다. 어째서 네덜란드로 가는가 하는 인터뷰 방송을 보았더니 "네덜란드는 여름이라도 북독일처럼 흐린 날, 비오는 날이 많아서 좋다"고 반쯤 웃으며 말하는 이가 있어 저도 따라 웃고 말았습니다. 이딸리아의 태양이 좋다는 사람은 이유를 설명하라는 소리를 들을 일도 없겠지만 네덜란드의 흐린 하늘의 매력이 뭐냐

베르메르 「류트를 켜는 여인」 1662~63년
oil on canvas, 51.4×45.7cm, Metropolitan Museum of Art, New York

는 물음에 제대로 대답할 수 있는 사람은 많지 않을 듯합니다. 네덜란드 그림에는 그 대답이 되는 작품들이 얼마든지 있지 않을까 싶습니다.

2007년 6월 20일

중학생 때 영어선생님이 "그럼 네이티브 스피커의 발음을 들어봅시다" 하며
책상 위에 놓인 커다랗고 검은 카세트레코더의 스위치를 꾹 누르던 것이
잊히지 않습니다.

여섯번째 편지  목소리

어쩌면 저는
개일지도 모릅니다

타와다 요오꼬가   서경식에게

지난번에 오페라를 좋아하는 친구가 베를린에 왔기에 몇 년 전부터 화제가 되고 있지만 아직 보지 못한 모짜르트의 「후궁으로부터의 도주」를 코미셰 오퍼(Komische Oper)라는 오페라극장에서 보았습니다. 화제가 되었다곤 하지만 "오페라가 이렇게 피와 나체와 쎅스로 가득 차도 좋은 것인가?" 하는 식의 화제가 된 것이니 단순한 스캔들 만들기일지도 모른다 싶어 별 기대는 하지 않았지만, 정작 가보니 무대의 리듬과 음악이 근사하게 맞물려 있어, 때로는 쓴웃음이 날 정도인 싸구려 매춘 거리의 이미지도, 끔찍한 폭력의 묘사도 어쩌면 이 오페라엔 이런 연출이 좋은 건지도 모르겠다는 느낌이 들도록 하는 것이 신기했습니다. 일부러 요란을 떤다는 느낌은 없었고 오히려 현대에도 존재하는 폭력과 그것을 부추기고 부추김당하는 증오의 모습을 정확하게 그려내고 있어서, 음악 자체에 숨겨져 있다고밖에 생각할 수 없는 힘을 부각시키는 것이지 결코 작품을 방해하는 연출은 아니었습니다.

하지만 저에게 이날 공연이 특별한 의미가 있었던 것은 연출이 좋고 나쁘고가 아니라 우연한 사건들이 겹친 덕분이었습니다. 우선 이날, 콘스탄체 역을 맡기로 되었던 가수가 병 때문에 못 나오게 되었습니다. 대역 역시 병이 막 낫기 시작한 상태에서 아직 목소리가 충분히 좋아지지 않아 노래는 부르지 못했지만 배우로서 무대에서 연기를 할 수는 있었습니다. 그 때문에 대역이 연기만 하고 실제로 노래를 부른 것은 제3의 가수였습니다. 짙은 초록빛 청초한 원피스를 입고 무대 끝에 서서 몸동작 하나 보이지 않고 목소리 그 자체가 되어 노래했습니다. 그 목소리는 공중으로 춤추며 올라가고 몸부림치고 회전하고 낙하했다가 다시 상승하면서, 듣는 우리를 매료했습니다. 무대 위에서는 에로틱한 의상을 입었다가 벗었다가 하며 여성들이 뒹굴고 때로는 알몸으로 뛰어다니는 남자들과 격투를 벌이고 있는 만큼, 목소리로밖에 존재하지 않게 된 쏘프라노 가수의 존재와 연기의 대비는 엄청난 긴장감을 불러일으켰습니다.

콘스탄체 연기를 한 대역가수 역시 입은 움직이고 (아마도 마음속으로는 노래를 부르고) 있었기 때문에 마치 무대 끝의 가수가 '더빙'을 하고 있는 듯이 보였습니다. 저는 마침 이날, '더빙'에 관한 에쎄이를 완성하려던 참이었는데 설마 오페라가 더빙되리라고는 미처 생각하지 못했습니다.

제가 '더빙'에 흥미를 가진 것은 일본에서 독일로 옮겨살게 된 무렵의 일입니다. 텔레비전을 켜면 일본 옛날이야기 애니메이션에 나오는 할머니나 쿠로사와 아끼라(黑澤明)의 영화에 나오는 사무라이들이 다들 유창한 독일어를 하는 것이 신기해서 저도 모르게 빠져들곤 했습니다. 전부터 친근감을 느끼던 '형사 콜롬보'가 전혀 다른 음성으로 이야기를 하는 것도 충격이었고요. 콜롬보의 경우는 옛날부터 익숙하던 일본어 음성도 지금 듣는 독일어 음성도 둘 다 '가짜'이고 그것과는 별개로 배우 피터 폴크(Peter M. Falk)가 낸 영어 목소리가 있다는 것을 생각하면 뭐랄까, 온세상이 믿을 수 없게 되는 것이었습니다.

저는 얼굴보다는 오히려 상대방의 음성이나 말할 때의 리듬, 언어 선택 등으로 그 사람의 이미지를 만드는 편인데 같은 사람이라도 다른 언어를 말하면 이미지가 싹 바뀌어버리기도 해서, 나는 정말로 이 사람을 알고 있는 것일까 싶어 불안해집니다. 독일에 살다보면 흔히 있는 일입니다만, 리뚜아니아, 프랑스, 핀란드 등 다른 나라에서 와서 줄곧 독일에 사는 친구들과는 언제나 독일어로 이야기를 나누고 상대방의 이미지를 그것으로 만들어가게 됩니다. 그런데 그 사람 집에 가서 한가로이 커피 같은 것을 대접받고 있는데 갑자기 전화가 와서 상대가 그이의 가족이라든가 하는 경우, 느닷없이 평소와는 전혀 다른 목소리로 말하기 시작하는 거예요. 더구나 모어(母語)는 항상 닫혀 있던 수로를 열고 압도적인 기세로 터져나오죠. 저는 '이 사람은 원래 누구였던 걸까?' 하며 일순 당황하게 되고, 지금까지 저 자신이 뭔가를 오해하고 있었던 듯한 느낌이 들고야 맙니다.

어쩌면 저는 개일지도 모릅니다. 미국의 대학에서 일하는 친구가 기르고 있는, '라거'라는 이름의 개가 있는데요, 유기동물 보호소에서 얻어온 녀석인데 어릴 때 어떤 사람에게 학대당했던 모양이에요. 예를 들어 러시아어를 들으면 화를 내며 격렬히 짖어댄다고 개주인이 그러더군요. 저는, 개가 러시아어와 다른 언어를 구별할 수 있을까 싶어 웃으며 듣고 있었습니다. 그런데 어느날, 이 개를 데리고 산책을 하고 있는데 길에서 커다란 목소리로 이야기를 하고 있는 러시아인을 만나자 라거가 느닷없이 미친 듯 짖어대기 시작한 겁니다. 아무리 달래도 이를 드러내고 으르렁거리며 짖어댔죠. 라거는 낯선 사람에게 익숙해지는 데 시간이 걸리는 개여서 — 저에겐 완전히 익숙해졌지만 — 언젠가 방문을 닫고 일본에 전화를 하는데 문밖에서 라거가 짖기 시작했습니다. 문을 열었더니 금세 짖는 것을 멈추고 어리둥절해 했습니다.

제가 일본어로 말하는 것을 그때까지 들은 적이 없으니 모르는 사람이 방 안에 있다고 생각했던 것이겠죠. 개답게 코로 구별을 해주면 좋으련만, 라거는 아무래도 언어로 사람을 식별하는 모양입니다.

여기서 생각난 것이 어린시절 본 적이 있는 인형입니다. 이 인형은 몸을 세우면 목소리를 냅니다. 옷을 벗겨보면 등에 뚜껑 두개가 있어서 한쪽엔 건전지가, 다른 쪽엔 카세트 같은 것이 들어 있었습니다. 사람도 등을 잘 살펴보면 그런 뚜껑이 붙어 있어서 음성을 바꿀 수 있을지도 몰라요. 일본어 카세트를 꺼내고 한국어 카세트를 집어넣어 바로 한국어를 할 수 있다면 편리하겠지요.

카세트라고 하면 중학생 때, 영어선생님이 "그럼 네이티브 스피커의 발음을 들어봅시다" 하며 책상 위에 놓인 커다랗고 검은 카세트레코더의 스위치를 꾹 누르던 것이 잊히지 않습니다. 그렇게 하면 치직치직 하는 잡음 너머에서 신기한 목소리가 들려왔지요. 그후, 저는 '네이티브 스피커'라는 말을 들으면 사람이 아니라 고풍스런 카세트레코더를 떠올립니다. 제 기억 속에 있는 당시의 카세트레코더는 검고 커서 어딘지 불단(佛壇)을 닮아 있답니다.

음성과 신체가 하나가 아닌 상태라고 한다면 무당의 공수 같은 것도 그런 것일 텐데, 저 말고도 그런 상태에 흥미를 가진 미술가들이 상당수 있다는 것을 안 것은 그후 상당한 시간이 흐르고 나서였습니다. 2001년, 바젤에서 해마다 열리는 '아트 페어'라는 이름의 박람회에서 있었던 일입니다. 옛날 자동차에 탄 채로 야외의 대형스크린으로 영화를 보는 습관이 미국에서 들어와 독일 언저리에서도 한동안 유행했다고 하는데 그런 식의 커다란 스크린이 야외에 만들어져서 서부극을 상영하고 있었습니다. 카우보이 두사람이 말에서 내려 이야기를 합니다. 말소리는 들리지 않습니다. 자동차에 올라타서 헤드폰을 껴야만 비로소 음성을 들을 수 있게 되어 있는 것이죠. 서부극엔 전혀 흥미가 없었지만 헤드폰을 끼고 들어보니, 놀랍게도 카우보이들이 나누는 이야기는 철학책의 인용이었습니다. 함께 있던 친구는 한때 철학을 전공했던 만큼, "어, 하이데거네"라는 등 해가며 기뻐하더군요. 더빙 기술은 최고였고 카우보이들의 입술을 필사적으로 지켜보았지만 들려오는 텍스트와 입술의 움직임 사이에 거의 어긋남이 없었습니다.

그후, 저는 주변에 있는 사람들도 다들 더빙되어 있는 듯한 느낌이 들기 시작했습니다. 선거에서 투표를 할 때, 독일어로는 "목소리를 던진다"라고 합니다. 일본에서도 "당신의 목소리를 정치에 소생시킨다"라고 하는 경우가 있죠. 하지만 목소리라는 것이 정말 본인 안에서 나오는 것이라고 믿을 수 있는 것일까요? 카우보이가 하이데거처럼 말할 수 있을 정도니 텅 빈 마네킹에게 정치라든가 종교를 이야기하도록 만드는 것쯤이야 식은 죽 먹기 아닐까요?

소리 전문 공업디자이너에 관한 다큐멘터리 라디오방송을 들었을 때도 충격을 받았습니다. 예를 들어 청소기에서 들려오는 소리는, 어쩔 수 없이 나오는 소음을 최대한 억제한 결과 그런 소리가 나는 것이라고 저는 생각하고 있었습니다만, 그게 아니라 먼지가 빨려들어가는 느낌이 전해져서 소비자가 만족할 만한 소리가 나도록 싸운드 디자이너가 생각해서 만든 것이라는군요. 말하자면 전자음악을 작곡하는 것입니다. 너무 소리가 나지 않아도 방이 깨끗해진 느낌이 들지 않아서 소비자의 평이 나쁘다고 합니다. 컴퓨터 디스플레이 중에 서류를 휴지통에 버릴 때 나는 슛 하는 소리가 '진짜 소리'라고 생각한 적은 없지만 설마 디스플레이가 아닌 외부 세계조차 공업적으로 만들어진 소리에 지배당하고 있을 줄이야 몰랐습니다. 자동차 문을 닫을 때 나는 그 잘난 척하는 소리도 마찬가지로 차를 소유한 것에 만족감을 느끼게 하기 위해서 연구되고 있다고 합니다. 그 소리가 영화라든가 텔레비전 드라마에서 곧잘 무슨 의미라도 있는 듯이 강조되어 들리는 경우가 있는 것도 우연이 아닌 모양입니다. 이쯤 되면 인간의 음성뿐 아니라 주변에서 들려오는 어떤 소리도 신용할 수 없게 됩니다.

올해 초 베를린영화제에서 재미있는 영화를 보았습니다. 캐나다의 기 마댕(Guy Maddin)이라는 사람이 작년에 만든 흑백 무성영화인데 도이체 오퍼(Deutsche Oper)라는 오페라 극장에서 상연됐습니다. 커다란 스크린에 영화가 비춰지는데 그 앞에 있는 무대 모퉁이에 여배우 한사람이 서서 스토리를 이야기하고, 코멘트를 끼워넣고, 대사 역시 말하고 있었습니다. 그걸 보면서 인형 죠오루리[1]를 떠올렸습니다. 한 사람의 화자가 모든 목소리를 더빙하여 들려주는 형식은 문학에서 보자면 그다지 이상할 것이 없습니다. 거꾸로 말하면 각각의 연기자가 각자 역할의 대사를 말하는 현대극의 장면에서도 관객이 연기자와 등장인물을 구분할 수 없도록 해서, 말하자면 '그럴듯한 기분이 되게 하는' 것이 목적은 아닐 것입니다.

이 흑백 무성영화에서는 여배우뿐 아니라 음악가 세사람이 무대에 서서 효과음을 내고 있었습니다. 보트를 띄우는 장면의 소리를 수조 속의 물을 손으로 파닥파닥 쳐서 만드는 것은 그런대로 알겠지만 인간의 뼈가 툭툭 부러지는 장면인데 무대 위에서는 쎌러리처럼 보이는 야채를 똑똑 부러뜨리는 것을 보고 웃고 말았습니다. 놀랍게도 스크린만 보고 있어서는 효과음이 모두 다 지극히 자연스럽게 들려 보통 영화를 보고 있을 때나 마찬가지로 전혀 위화감이 없습니다. 하

---

[1] 인형 죠오루리(人形淨瑠璃): 전통인형이 음악에 맞추어 옛이야기를 낭송하는 일본 전통인형극.

지만 무대를 보면 거기서는 완전히 동떨어진 일이 벌어지고 있는 거죠. 덕분에 무대예술의 중층성이 느껴지고, 거꾸로 자연스레 보이는 세계에 관객을 완전히 끌어들이고자 하는 보통 영화들이 시시하게 느껴졌습니다.

저는 라디오드라마를 좋아하고 라디오방송국이라는 곳도 좋아하는데 라디오드라마를 만드는 스튜디오에 놀러가면 효과음을 만들기 위한 양철판이라든가 벽이 없는 문이라든가 콩이 들어 있는 상자 같은 게 놓여 있습니다. 지금은 디지털 시대지만, 오히려 그래서 실제 소리의 의미가 부각되는 듯싶습니다. 독일 라디오방송 관계자들 사이에선 '오리지널 톤'을 줄인 '오톤'이라는 낱말이 일종의 동경을 담아 발음됩니다. '이것은 오톤을 써서 만든 작품이다' 하는 식으로. 하지만 라디오에서 흘러나오는 작품이라면 오리지널이라고는 해도 역시 들려오는 소리나 음성을 내는 존재는 귀가 있는 장소엔 부재하죠.

목소리를 내는 신체가 부재한다는 것에 우리는 너무 익숙합니다. 영화에서나 텔레비전에서나 목소리 주인의 모습이 영상으로는 보이지만 거기 있지 않고, 전화로는 영상조차 보이지 않으며, 나아가 이메일로는 음성조차 들리지 않습니다. 또한 자동판매기 등에서 들리는 소리는 목소리의 주인이 지금 다른 장소에 있기 때문에 여기에 부재하는 것이 아니라 애당초 존재하지 않는 것이죠. 신체가 부재하고 목소리가 들리지 않더라도 예를 들어 편지라면, 시간적·공간적 거리가 확실하니 으스스할 건 없습니다. 하지만 자동차 내비게이션 안내음 같은 것은 우리의 '현재'에 반응하는 음성의 주인, 그 신체가 부재하는 것이죠. 예언자의 목소리라는 둥의 말도 있지만 음성이라는 것은 근접성을 확신시켜주는 것이라고만도 할 수 없고, 오히려 부재를 느끼게 만들어주는 것일지도 모르겠다는, 그런 생각을 하면서 새로운 달을 맞았답니다.

2007년 7월 11일

모짜르트는 예민한 귀로 인해
고생했을 겁니다

서경식이   타와다 요오꼬에게

타와다 요오꼬씨, 이번에도 재미있는 편지를 주셨군요.

실은 저는 며칠 전에 구급차로 병원에 옮겨졌습니다…… 물론 결과적으로 큰일은 아니었고 사흘 만에 퇴원을 했으니 염려하지 마십시오.

말이 제대로 통하지 않는 곳에서 입원을 한다는 것도 꽤 흥미로운 일이더군요. 구급차 안에서부터 일찌감치 문화적 차이에 맞닥뜨렸습니다. 원래 한국은 여기나 저기나 할 것 없이 여름에 냉방이 지나치게 강하지만 구급차 안도 마치 냉장고 같았습니다. 그때 체온을 쟀더니 약간 열이 있었죠. 너무 추워 견딜 수 없기에 구급의료사라나 하는 담당자에게 담요를 덮어달라고 부탁했습니다. 그런데 그는, 냉정하게 열이 있어서 안된다고 잘라 말하는 것이었어요.

　유럽에서는 고열환자의 겨드랑이 밑에 얼음주머니를 댄다는 이야기를 들은 기억이 되살아나, 열 때문이 아니라도 벌벌 떨리더군요. 다행히 열은 금세 내렸기 때문에 얼음주머니 고문은 피했습니다만.

　병원에 도착하니 "어디가 아프냐?" "현기증이 나느냐?" "토할 것 같으냐?" "저리지는 않느냐?"라는 질문이 저의 모어가 아닌 언어로 꼬리를 물고 이어졌습니다. 그것도 처음 만난 간호사에서 시작되어 마지막 교수의 회진 때까지 네댓 번에 걸쳐 같은 질문의 되풀이. 중앙정보부의 심문이라는 것이 이런 것이었을까…… 처음 듣는 단어도 있어서 당황했지만, 생각하느라 대답하는 데 시간이 걸렸다간 뇌손상이라고 오진을 받을 수도 있겠다 싶어 엄청나게 신경이 쓰였습니다.

　까닭 없이 어려운 단어라는 것이 없으십니까? 몇번이나 사전을 찾아도 금세 잊어버리고 사전을 찾았었다는 사실만 기억하는 지긋지긋한 단어. 저에게는 아무래도 '저리다'라는 조선어가 그 하나입니다. 금세 잊어버리는 까닭에 의사들에게서 같은 질문을 받고도 계속 대답을 못하는 것이죠. 그러다보니 스스로도 뇌가 손상된 것 같은 기분이 들었습니다.

　저에겐 노인병동의 병실이 배정되었습니다. 만 쉰여섯이라는 것은 일본에서는 아직까지 봐주지 않을 나이지만, 이곳에선 벌써 노인으로 분류되는 나이인지도 모릅니다.

MRI라는 기계로 검사를 받은 적이 있습니까? 똑바로 누워 몸도 머리도 움직이지 않도록 완전히 고정하고 양쪽 귀에 커다란 헤드폰을 꽉 씌우고 머리를 통 모양의 빈 구멍에 집어넣습니다. 그 상태로 30분 정도를 견디는 것인데 아프지도 가렵지도 않다곤 하지만 폐소공포증 비슷한 것이 있는 저로서는 편한 검사가 아닙니다. 헤드폰에서는 '자자자' '캉캉캉' '지지지' 하는 식의 무기질 소리가 들립니다. MRI라는 것은 자기(磁氣)를 이용해 세포를 일정 방향으로 정렬시켜 촬영하고 그 줄에 흩어짐이 있는지 어떤지를 보는 것이라고 합니다.

　커다란 소쿠리에 담은 콩을 거칠게 흔들어대는 듯한 '자자자' 하는 소리를 들으면서 저는 지금 뇌 속에서 세포가 흔들리고 있는 건가 하는 상상을 했습니다.

　그 무기질적인 소리에 섞여 음악이 나지막하게 토막토막 흐르고 있었습니다. 한국의 대중가요였습니다. 이른바 '뽕짝'이죠. 한곡이 이삼분쯤 된다고 하면 열곡 이상 들어야 가까스로 검사가 끝난다는 계산입니다. 노인병동 환자라서 친절하게도 '뽕짝'을 들려주는 것일까? 모짜르트였으면 좋았을걸⋯⋯

　지금 독일 뮌스터(Münster)에서는 야외조각전이 개최중인데 저는 전에 이 전시를 보러간 적이 있습니다. 십년도 더 되었을까요? 야외조각전인 만큼 어디에 특정한 전시장이 있는 것이 아니라 시가지 이곳저곳에 널따랗게 설치미술이 배치되어 있어서 보는 사람은 지도를 한손에 들고 시내를 돌아다니는 것입니다. 뮌스터 정도의 아담하고 정돈된 도시엔 안성맞춤인 기획입니다. 유서 깊은 유럽도시답게 뮌스터에도 우아한 궁전이 있는데 그쪽을 향해 걷다보니 상당히 못 미친 곳에서부터 궁전 앞 광장까지 뭔가 번쩍번쩍 빛나는 물체가 산재해 있는 것이 보였습니다. 가까이 다가가보니 그것은 썰버메탈로 칠해진 수십대의 자동차입니다. 그것도 캐딜락이니 씨보레니 하는, 1950년대 미국 대형차들입니다. 한국 출신 아티스트 백남준의 작품이었습니다.

  은색으로 빛나는 미국 자동차와 차분한 색조의 고성(古城)의 대비. 현재와 과거, 미국사회와 그 뿌리, 자본주의적 문화와 봉건적 문화, 스케일이 크고 독특한 아름다움이 있어 마음이 끌리긴 하지만 이런 대비는 너무 알기 쉬워서 더이상 컨템퍼러리 아트라고는 하기 어렵지? 그런 이야기를 함께 간 아내와 나누며 지나치려 했을 때, 그녀가 우뚝 멈춰서더니 "잠깐, 무슨 소리가 들려!" 하는 것입니다. 귀를 기울여보니 정말 어디선가 무슨 소리가, 희미하게 들려왔습니다. 잠시 동안 둘이서 소리의 근원을 찾았습니다. 마침내 "알았다!" 하고 아내가 큰소리로 말했습니다. 소리는 수십대의 자동차 라디오에서 조그맣게 흘러나오고 있었던 것입니다. 그것도 50년대 미국의 유행가, 도리스 데이라든가 코니 프랜씨스,

백남준 「20세기를 위한 32대의 자동차: 모짜르트의 레퀴엠을 조용하게 연주하다」 중 일부

냇 킹 콜, 엘비스 프레슬리 등이 아닙니다. '대량소비'와 '속도'를 상징하는 자동차에서 조용히 흘러나오는 현대문명에의 진혼가. 정말 백남준다운 해학. 자동차 라디오에서 들려오는 것은 모짜르트의 「레퀴엠」이었습니다.

「후궁으로부터의 도주」 이야기, 재미있게 읽었습니다. 몇 년 전이지만 카또오 슈우이찌(加藤周一)씨와 이야기를 나누다가 오페라가 화제에 올랐습니다. 카또오씨는 50년대에 런던의 코벤트가든에서 리하르트 슈트라우스(Richard Strauss)의 「장미의 기사」를 보았던 이야기를 하셨습니다. "막이 오르자마자 베드씬이에요. 그 오페라는 애당초 규방 이야기니까요. 저쪽에선 그런 것들을 당당하게 즐기는데 일본에서는 심각한 얼굴을 하고 감상하는 태도라니…… 후후후" 하며 특징있는 웃음을 웃으시더니 카또오씨는 저를 보며 이렇게 물었습니다. "그런데 말야, 여보게, 요즘 오페라는 양복을 입은 채로 한다면서?"

저는 잠깐 대꾸할 말을 찾다가 "네, 그렇죠. 원작 당시의 의상대로 상연하는 일이 오히려 드물 정도죠" 하고 답했습니다만, 그에 이어 "그러기는커녕 아무것도 안 입는 일도 물론……" 하는 대사는 그냥 삼켰습니다. 실제로 제가 2002년 짤츠부르크 음악제에서 보았던 「장미의 기사」에서는 남성 출연자들이 '불알'(네번째 편지 참조)을 다 내놓고 무대 위를 오가고 있었습니다.

카또오 슈우이찌씨가 오페라를 즐기던 시대는 '가수의 시대'에서 '지휘자의 시대'로 가는 이행기였다고 말할 수 있겠지요. 엘리자베스 슈바르츠코프라든가 조앤 써덜랜드 같은 전설적인 오페라 가수들이 활약했던 시대입니다. 반세기 정도 시간이 흐르면서 '지휘자의 시대'도 지났고 지금은 '연출의 시대'가 한창입니다. 새로운 해석이나 야심적인 연출에 관객의 관심이 집중되는 시대인 것이죠. 이것도 몇년 전, 밀라노 스깔라 좌의 음악감독을 오랫동안 맡았던 리까르도 무띠(Riccardo Muti)의 인터뷰를 텔레비전으로 본 기억이 있습니다. 그는 '연출의 시대'에 돌입한 '알프스 북쪽'의 오페라가 어떻게 타락했는지를 언짢은 표정으로 탄식해가며, 언제나처럼 오만한 태도로 정통 오페라의 전통을 알프스 남쪽에서 자신이 지키겠다고 말하더군요. 그 무띠조차 지금은 스깔라 좌 음악감독을 그만두었습니다.

작년 짤츠부르크 음악제는 모짜르트 탄생 250주년 기념 기획으로, 저도 열흘가량 머물면서 모짜르트에 빠져 나날을 보냈습니다. 몇편의 오페라도 보았는데 특히 재미있었던 것은 「가짜 여정원사」입니다. 초기의 연애 코미디인데 아니나 다를까, 귀족이나 대(大)부르주아지가 조롱거리가 되고 있습니다. 어리석은 청년귀족을 연기한 존 마크 에인슬리(John Mark Ainsley)의 테너는 달콤하고 애절해서, 우리가 상스럽고 바보 같은 엎치락뒤치락 소동에 배꼽을 잡고 있는 동안 어느샌가 이 멍텅구리의 모습에 스스로를 겹쳐놓고 있는 것을 깨닫게 됩니다. 모짜르트가 바이에른 선제후를 위해 이 오페라를 작곡한 것은 겨우 열여덟살 때였습니다.

또다른 날, 중국 출신 피아니스트 랑랑(郎朗)이 빈필하모니와의 협연으로 평소 그다지 들을 기회가 없는 모짜르트의 피아노협주곡 G장조 쾨헬번호(KV)453을 연주했습니다. 그 섬세한 터치! 음의 명징함! 모짜르트라고 하는 천재가 또 한사람의 천재의 몸을 빌려 눈앞에 강림한 것 같았습니다. 이렇게 비상한 재능을 지니게 되어버린 인물은 모짜르트가 그랬듯이 오래 살지는 못하는 것 아닐까? 그런 공상을 했습니다.

요시다 히데까즈(吉田秀和: 일본의 유명한 음악평론가이자 문학비평가)는 "모짜르트도 미묘한 귀를 가진 덕에 분명히 꽤나 고생했을 것이다"라고 말했습니다. "하면 못할 것도 없는 대중적 영합을, 뻔한 불이익을 각오하면서 단념했을 것이 틀림없는 것이다. 작곡가의 인생관이나 사상은 차라리 그 사나이의 귀가 배설한 오물에 불과하다"(「고전의 복잡함과 정묘함에 관하여」, 『모짜르트를 찾아서』).

이건 귀에 관한 이야기지만, 알기 쉽게 눈에 비유해봅시다. 어떤 사람의 시야가 100미터 반경으로 제한되어 있다고 칩시다. 그 사람에겐 그 범위 안의 사물밖에 보이지 않는다. 아니, 자신에게 보이는 범위가 세상의 모든 것이고 그 바깥에는 아무것도 없다고 생각합니다. 그런데, 지극히 드물게

100미터가 아니라 1킬로미터 반경쯤 되는 시야를 지닌 천재가 나타납니다. 그들에겐, 아름다운 것 추한 것 모든 것을 포함하여 우리 같은 평범한 사람들에겐 보이지 않는 모양과 색채가 보이는 것이죠. 그들에 의해 우리는 우리의 시야가 얼마나 협소한지를 깨닫게 됩니다. 이것은 커다란 기쁨을 줌과 동시에 끊임없이 자신의 세계 밖을 더욱 잘 파악하고 싶다, 바깥쪽으로 나가고 싶다고 하는, 분수 넘치는 초조함을 불러일으킬 수밖에 없습니다. 이와 같은 일은 소리에 대해서도 말할 수 있겠지요. 빼어난 작곡가의 작품을 뛰어난 연주로 듣는다는 것은 더없는 기쁨이지만 때로 사람을 불쾌하게 만드는 것은 이런 이유 때문이 아닐는지요.

12년 전 베를린에서 별세하신 한국 출신 현대음악 작곡가 윤이상은, 만년에 곧잘 이런 식의 이야기를 했습니다. — 천상에는 언제나 시작도 끝도 없는 음악이 흐르고 있다. 나에겐 그것이 들린다. 내 작곡이라는 것은, 천상에서 들려오는 그 소리의 일부를 잘라내어 기록하는 것이다. 내 삶이 끝나고 나면 누가 그 일을 할까?

저는 한때, 이 이야기가 아주 그럴듯한 비유라고 생각했습니다. 하지만 지금은 한정된 천재들에겐 정말로 그런 소리가 들리는 것이라고 생각합니다.

보내주신 편지의 주제는 육체와 음성의 괴리에 관한 것이었습니다. 궁극적으로 인간의 육체와 음성이 분리되어버리는 시대란, 예컨대 모짜르트나 윤이상을 대신하여 기계가 천상의 소리를 잘라내오는 시대, 프리츠 분더리히나 루찌아노 빠바로띠의 음성이 인공적으로 합성되어 그들의 복제로봇이 부르는 노래가 우리를 감동시키는 시대를 가리키는 것이죠.

만약 오래 살았다간 저도 이런 소리를 해서 손아래 젊은이를 당황하게 만들지도 모릅니다.

"그런데, 여보게, 요즘 오페라는 기계가 연기를 한다면서?"

저는 그런 시대가 오리라고 생각하진 않지만, 그렇게 생각하지 않는 것은 제가 이미 '노인'이어서일까요?

2007년 7월 18일

감히 말한다면, 고흐의 편지를 번역하는 일은, '광기'와 '제정신',
'죽음'과 '삶'을 갈라놓는 경계 너머의 무엇인가를 이쪽으로 번역해놓는 것이라고도
말할 수 있겠지요. 그런 일이 가능한지 어떤지 저는 모르겠습니다.

일곱번째 편지 번역

어쩌면 그리
희망과도 같은지

서경식이 타와다 요오꼬에게

타와다 요오꼬씨, 서울은 장마가 끝났다고는 하지만 날마다 간헐적으로 엄청난 비가 쏟아지곤 합니다. 일본만큼은 아니지만 습도가 높아서 비가 오지 않는 날이라도 오전중에는 짙은 안개가 끼어 있습니다. 오늘은 지지난번에 주셨던 편지(다섯번째 편지 '빛')로 잠깐 되돌아갑니다.

변화가 풍부하고 너무 밝지 않으며 물기를 머금고 있는 네덜란드의 빛, 특히 화가들이 그리는 그 빛에 관해서는 저 자신 이미 오랫동안 매료당하고 있습니다. 물체의 형태라든가 색채라고 하는 것은 요컨대 빛의 반사인 것이니 그림을 그리는 행위는 '날아다니는 빛의 입자'를 잡아내고자 하는 시도라고도 할 수 있겠지요. 화가라고 하는 자들은 이런 무모한

시도에 전생을 바치고 만 사람들—'기인'들이라고나 해야 할까요?—인 모양입니다.

네덜란드에서 태어난 고흐가 그 어슴푸레 부드러운 빛에 싸인 장소를 견디지 못하고 격렬한 빛—그의 상상 속에서는 '일본'의 빛이었죠—을 찾아 남프랑스까지 흘러들었고 결국은 거기서 스러졌습니다. 마치 유인등(誘蛾燈)에 홀린 벌레처럼.

오래 전, 히로시마 미술관에 처음 갔을 때 일입니다. 한 전시실을 나서려는데 중앙의 널따란 원형홀 너머 바로 앞쪽의 전시실 내부가 눈에 들어왔습니다. 그 끝에서 무언가가 빛나고 있었습니다. 멀리 떨어진 그 방의 벽 어느 한 지점에 마치 스스로 빛을 발하고 있는 듯한 그림이 있었던 것입니다. 주변의 그림과는 그 광채가 전혀 달랐습니다. 한마리 모기가 되어 이끌려가서 보았더니 그것은 고흐의 마지막 작품이라고 하는 「도비니의 정원」이었습니다.

아를에서의 '귀 자르기 사건' 후, 고흐는 쌩레미 정신병원에 입원합니다. 함부르크 전람회에서 당신은 틀림없이 이 시기의 「자화상」도 보셨을 겁니다. 불타는 듯한 눈초리에 모자를 쓰지 않은 자화상입니다. 배경은 힘찬 터치로 채워져 있고, 푸르른 불꽃이 넘실거리는 듯 보입니다. 같은 시기에 「밀 베는 사람」이라는 작품도 그렸습니다. 그 작품에 관해 동생 테오에게 보낸 고흐의 편지.

반 고흐 「씨 뿌리는 사람」 **1888년**
oil on canvas, 64.0×80.5cm, Kröller-Müller Museum, Otterlo

나는 발작 며칠 전에 시작한 그림, 「밀 베는 사람」과 격투하고 있단다. 이 습작은 완전히 황색인데, 엄청나게 두껍게 칠했지만, 모티프는 아름답고 단순했지. 그때 내가 이 밀 베는 사람 속에서 발견한 것은—자신의 일을 해내고자 혹서의 한복판에서 분투하고 있는 어둑한 사람 그림자—그때 거기서 보았던 것은, 인류는 베어 수확되는 밀일지도 모른다는 의미에서 죽음의 이미지였어. 그러니까 이건 말하자면 이전에 내가 시도했던 「씨 뿌리는 사람」과 대극을 이루고 있지. 하지만 이 죽음은 전혀 슬플 게 없어. 이 일은 모든 것을 순금 빛으로 가득 채운 태양 아래서 당당하게 진행되는 거야.

실제로 이 작품을 보면 화면이 노랗게 불타고 있는 듯합니다. 한 농부가 낫을 휘두르며 널따란 밭의 밀을 베고 있지만, 화가의 눈에는 차라리 베어지고 있는 밀이야말로 인간인 것입니다. 그 죽음은 '슬플 게 전혀 없'습니다. 고흐는 당신이 쓰신 '고통스러울 정도의 빛' 속으로 바로 자신을 끌어냈기에 '제정신'과 '광기', '삶'과 '죽음'의 경계를 돌파하여 이런 정경을 볼 수 있었으며 그릴 수 있었던 것이지요.

앞의 인용은 2001년 출간된 후따미 시로오(二見史郎) 편역 『반 고흐의 편지』에서 따왔습니다. 이 한권으로 된 선집은

반 고흐 「밀 베는 사람」 1889년
oil on canvas, 73x92cm, Museum Folkwang, Essen

최근에 알려진 원문을 면밀히 해독하여 일찍이 삭제·생략되었던 부분과 복자(伏字) 등을 복원한 새로운 번역이라고 합니다. 「엮은이 후기」를 보면 후따미 시로오씨는 정말 아무렇지도 않게 이렇게 썼습니다.

> 반 고흐 서간과 화집을 겸한 초기의 대표적인 대형 단행본은 1911년 볼라르(A. Vollard)가 낸 『에밀 베르나르에게 보낸 서간집』인데 나는 이것을 1951년에 번역했다.

흐음, 무심결에 신음이 나왔습니다. 1911년이라면 일본이 조선을 '병합'하여 식민지로 만든 이듬해, 그 40년 후인 1951년이라면 제가 태어난 해입니다. 더구나 그로부터 12년 후에 『반 고흐 서간전집』 전6권이, 19년 후에 6권 전집의 보급판이, 50년 후에 바로 이 1권 선집이 나온 것입니다. 번역이라는 작업의 끔찍할 정도의 긴 호흡, 편집증적이라고 할 정도의 면밀함. 이루 말할 수 없이 어렵고 보상은 별로 없는 일에 생애를 바치는 사람이란, 고흐 자신과는 다른 유형의, 하지만 그에 못지않은 '기인'임이 분명하다고 감탄할 따름입니다.

그런데, 후따미씨도 공역자 가운데 한사람이었던 1970년에 간행된 6권 전집 보급판이 지금 제 탁자 위에 있는데, 이쪽에는 조금 전 인용한 부분이 다음과 같이 되어 있습니다.

지금 발병 며칠 전에 시작한 어떤 화폭에 작업을 하고 있어. 이건 풀 베는 사람의 습작인데 — 진황색, 끔찍이 두껍게 칠했지만, 모티프는 아름답고 단순하지. 요컨대 나는 이 풀을 베는 사람 속에서 — 염천 아래 일을 마무리지으려고 악귀처럼 싸우고 있는 몽롱한 인물 속에 — 인간은 그가 베는 밀과 같은 존재라는 의미에서, 또한 죽음의 그림자를 보는 것이지.

번역자에겐 대단히 죄송하지만 저 개인의 취향으로는 역시 6권 전집의 번역에 기울어집니다. 젊은 시절부터 익숙했다는 이유만이 아닙니다. 조금 더 비교를 해볼까요? 앞의 인용부분에 이어 발작의 재발을 두려워하면서도 작업을 계속하고자 하는 의욕을 토로하고 있는 부분입니다.

아아, 나의 눈앞에 새로운 청명기(淸明期)가 놓여 있다, 거의 그런 생각조차 든다.(1권 선집)

아아, 마침내 의식이 다시 맑아질 때가 돌아오리라는 것을 나는 거의 믿어버릴 것만 같구나.(6권 전집)

고흐가 자신의 가슴을 권총으로 쏜 후, 그의 주머니에서 발견된 편지.

> 넌 내가 아는 한 세간의 일반적인 상인은 아니야. 또한 너는 정말로 인간미를 지니고 행동하는 방식으로 자신의 입장을 선택할 수가 있지, 나는 그렇게 널 보고 있어. 하지만 어떻게 하면 좋단 말인가.(1권 선집)

> 너는 내가 아는 한 흔해빠진 화상이 아니야, 너는 실제로 인간에 대한 사랑을 지니고 행동하며 방침을 정할 수 있으리라고 나는 생각한다만, 도대체 너는 어쩔 셈이지?(6권 전집)

후자의 문체가, 정말이지 고흐의 두껍게 겹바른 터치에 걸맞은 것처럼 제겐 여겨집니다.

원문은 프랑스어인데, 어째서 고흐와 테오 형제는 자기들끼리 주고받는 편지를 프랑스어로 썼는지 이상합니다. 그들 자신에게 프랑스어가 모어도 아니니 당연히 그 표현은 거칠거칠했을 것이라 추측됩니다. 그런 것을 오히려 즐긴 것일까요? 이건 제 상상이지만 고흐와 테오에게 있어 프랑스어로 편지를 주고받는 일은 두껍게 겹바르는 터치로 그림을 그리는 것에 버금가는 행위였을지도 모릅니다.

화가 야노 시즈아끼(矢野靜明)씨 말로는 화가란 한획 한획 그려나가는 힘의 정도에 따라 붓끝에서 튕겨져 돌아오는 저항이나 반발을 육체적으로 확인해가면서 작업을 해나간다고 하더군요. 그렇게 함으로써 '스스로 그림 속으로 들어가는' 것이라고 합니다. 고흐는 두껍게 발라가는 작업을 '밭을 갈 듯이'라고 비유합니다. 그만큼, 엄청나게 힘이 드는 작업. 한번 또 한번의 터치가 자신의 목숨을 깎아내어 그 깎아낸 목숨을 캔버스 위에 심어가는 듯한 작업입니다.

고흐의 편지는 '번역의 가능성과 불가능성'이라는 오래된 주제로 우리를 되돌려놓습니다.

고흐라는 네덜란드인이 자신에게는 외국어인 프랑스어로 편지를 쓴다. 여기 이미 번역의 제1단계가 시작되고 있습니다. 그 거칠거칠한 프랑스어를 일본어로 옮기는 것이니, 어떤 단어를 그에 해당하는 일본어로 바꾸어놓는 것만으로는 끝나지 않습니다. 그것은 파랑이면 파랑, 노랑이면 노랑이라는 고흐의 독자적인 색채를 그저 '파랗다'든가 '노랗다'고 표현해봤자 가장 중요한 부분이 전해지지 않는 것과 마찬가지입니다. 감히 말한다면, 고흐의 편지를 번역하는 일은, '광기'와 '제정신', '죽음'과 '삶'을 갈라놓는 경계 너머의 무엇인가를 이쪽으로 번역해놓는 것이라고도 말할 수 있겠지요. 그런 일이 가능한지 어떤지 저는 모르겠습니다.

일본의 식민지배로 모어였던 조선어를 부정당하고 일본어를 강요당했던 세대인 재일조선인 작가 김석범씨는 이렇게 말했습니다.

> 도대체, 일본어에 속박당해 있는 나 자신을 같은 일본어로써 해방한다는 것은 어떤 것일까? 나를 집어삼킨 일본어의 위장을 물어뜯어 찢고 거기서 나온다는 것이 과연 가능할까? 이것은 상극이다.(「재일조선인의 문학」, 『재일조선인의 사상』)

김석범씨는 "엄밀히 말하면 번역은 불가능할 수밖에 없다"고 말합니다. 이런 경우, 그저 단순하게 일본어가 내포하는 '민족적 형식'이라든가 '일본적 감각'을 다른 언어로 옮기는 것이 불가능하다는 것만은 아닙니다. 일본어의 '민족적 형식'이나 '일본적 감각'이 전제되어 있기에 비로소 그러한 속박으로부터 벗어나고자 하는 시도를 마음먹을 수 있는 것이니, '일본어의 위장'을 내부로부터 물어뜯고자 하는 일본어를 번역한다는 시도는 이중으로 불가능성을 짊어지고 있다는 것입니다.

'상극(相克)'이란 오싹해지는 말입니다만, 재일조선인의 언어경험을 잘 드러내고 있는 것 같습니다. 제가 저 자신을 '모어(일본어)라는 감옥'의 수인이라 느낀다는 것은 전에 당신께도 이야기했었습니다. 고흐의 편지나 타께우찌 요시미(竹內好)가 번역한 루쉰(魯迅) 같은 번역체의 문장에 제가 매혹당하는 원인은 아마도 여기 있는 듯합니다. 그것들이 일본어이면서 일본어의 '외부'에 대한 상상을 자극하고 일본어와 그 '외부'와의 '상극'을 느끼게 만드는 문체이기 때문입니다.

우리가 번역에 의해 고흐 혹은 루쉰을 읽을 때, 그것은 어쩌면 원작자의 실상이나 작품의 원형으로부터 동떨어진 것일지도 모릅니다. 루쉰의 『들풀(野草)』의, 그야말로 절망적인 난해함……!

그런데도 저는 번역이라는 인간의 행위가 무의미하다고는 생각하지 않습니다. 화가의 겹바른 터치와도 같은 낌새랄까 감촉을 거기서 느낄 수 있다면 우리는 그것을 실마리삼아 고흐나 루쉰과의 소통, 대화 혹은 투쟁을 시작할 수 있겠지요. 이 과정은 번역자와의 소통, 대화, 투쟁이기도 합니다.

절망의 허망함이라니, 어쩌면 그리 희망과도 같은지.

타께우찌 요시미가 옮긴 『들풀』에 실린 「희망」이라는 시의 잘 알려진 한구절. 이 어색한 문장을 보며 저라는 독자는 원문이 어땠을까를 생각하고, 원문을 새겨넣은 루쉰과, 그것을 고투 끝에 색다른 일본어로 옮긴 타께우찌 요시미에 대해 부족하나마 상상을 펼쳐보는 것입니다.

타께우찌 요시미의 『루쉰』 신판에 붙어 있는 우까이 사또시(鵜飼哲)씨의 해설은, 지금까지 제가 본 번역론 가운데 가장 심도깊은 것인데, 유감스럽게도 그 내용을 전해드리기엔 지면이 모자랍니다. 루쉰도 타께우찌도 번역자였습니다. 우까이 사또시 역시 장 주네(Jean Genet)를 옮긴 번역자죠.

  이번에는 고흐에서 시작해 번역 이야기로 가버렸군요. 답장을 기대하고 있겠습니다.

2007년 8월 7일

닭의 마음을
먹는다니요

타와다 요오꼬가   서경식에게

　병원에 가는 건 불안한 일입니다. 큰 병이면 어쩌나 하는 불안 이전에 자신의 몸이 의사의 언어로 읽혀버리고 낯선 텍스트로 바뀌어버린다는 것에 불안함이 있는 건지도 모릅니다. 모어라면 안심할 수 있는데 외국어라서 불안하다고만 할 수도 없는 것 같습니다. 예를 들어 '배〔腹〕'라는 익숙한 부위가 있어 그것이 '등에 붙고' '튀어나오고' '부글부글' '쿡쿡' 하는 식으로 자신의 상태를 전해오는 것에 응하면서 우리는 평소에 생활하고 있습니다. 그런데 의사를 만나면 느닷없이 "십이지장궤양입니다"라는 소리를 듣게 될 가능성이 있는 것이죠. '십이지장궤양'이라는 단어 그 자체는 가정의학사전을 찾아보면 있을 것이고 결코 의미를 알 수 없을 문제는 아니지만, 지식을 독점하는 권위를 느끼게 만드는 몸짓이 스민 단어라고 생각하지 않으세요?

일본어에는 의사를 '선생님'이라고 부르는 탓인지, 무의식 중에 의사를 유교적인 의미에서의 스승으로 받아들이는 사람이 많은 것 같습니다. 상대는 단순한 전문가가 아니라, 도덕적으로도 훌륭한 사람이니 그저 그가 하는 말을 잘 듣고 맡겨두면 자신의 병은 나을 것이라는 신앙이죠. 실제로는 그렇지 않다는 것을 보여주는 사건이 몇건이나 일어났습니다만.

신체감각이 언어에 지배당하고 있으니 언어의 경계를 넘는 순간 육체는 혼란에 빠집니다. 몇년 전, 접질린 발목의 부기가 빠지지 않은 채, 대서양을 건너 독일에서 캐나다로 날아가 며칠을 지내고, 거기서 다시 태평양을 넘어 일본에 왔는데도 여전히 부어 있기에 병원에 간 적이 있습니다. 일본어로 '부었다'고 말하는 순간, 독일어로 '게슈볼렌'(geschwollen)이라고 하던 때와는 발목 통증의 질이 달라지더군요. 일본어의 '부었다'(はれた, 하레따)라는 단어는 '반했다'(ほれた, 호레따)와 쌍이 되는 만큼, 열기라는 것이 앞서서, 뜨거워 견딜 수가 없는 겁니다. 독일어의 '붓다'(schwellen, 슈벨렌)는, 제 안에서 (어원이 같은 것은 아니지만) '경계/문턱'(schwelle, 슈벨레)과 하나가 되어 있는 탓인지 육체가 차갑게 식은 채 경계를 넘어 무감각하게 증식되어가는 것 같아 불안했습니다.

독일인들이 즐겨 쓰는 낱말에 '크라이슬라우프'(Kreislauf)

라는 것이 있어서, 직역하자면 '(혈액)순환' 정도의 뜻인데, 너무 덥다든가 지쳐 있다든가 빈혈이라든가 해서 휘청휘청 몸상태가 나쁠 때, '크라이슬라우프'에 문제가 있다고 말합니다. 그것으로 자신도 주변도 납득하지만, 의학적으로 보면 막혀 있는 것이 정말 혈관인지 어떤지는 미심쩍은 거죠. 그 말을 사용하는 본인들 역시 혈액의 질병이라고 생각하는 것은 아니고 좀더 감각적으로 이 낱말을 쓰고 있어서 우리가 태어난 동아시아식대로 말하자면 '기(氣)'의 흐름이 막혀 있다고 하는 것에 가까울지도 모르겠군요. 미국에 사는 저의 독일인 친구들은 곧잘 "이런, 크라이슬라우프 상태가 이상해졌어. 하지만 써큘레이션(circulation: 크라이슬라우프에 해당하는 영어 단어)이 이상하다고 말해봤자 영어를 쓰는 사람들은 이해를 못해. 어떡하지?"라는 둥 농담을 합니다. 요컨대 현대의학으로 분석한다면 아마도 몇가지 복잡한 현상이 얽혀 있는 상태라도 우리의 몸은 그것을 종합적으로 하나의 상태로 파악하고, 그에 걸맞는 언어를 지닌 경우가 있는 것이지요.

독일어로 허리를 삐끗한 것을 '헥센슈스'(Hexenschuß: '마녀의 일격'이라는 뜻)라고 합니다만, 체코어에서도 독일어로부터 들어온 외래어로서 역시 '헥센슈스'라고 한다는군요. 그렇다면 독일인들이 오기 전에는 아무도 허리를 삐끗하는 일 없이 살았다는 걸까요? "일본어에는 '갱년기에 몸이 뜨거워지는 것'(독일에서는 이를 '바름'warm이라고 한다)을 표현하는 단어가 없으니까 그런 증상도 없다는 게 사실이냐?"고 어떤 독일인이 정색을 하고 물어온 적이 있습니다. 이것은 일본에 관한 여러가지 현대 신화 가운데 하나인데, 콩〔大豆〕을 많이 먹는 덕분에 증상이 훨씬 가볍다고는 하지만 일본에도 갱년기 장애는 있고 '화끈거림'이라는 단어도 있잖아요. 화끈거림도 '바름'도 인간의 평균수명이 갱년기에 이르지도 못했던 옛날부터 있는 낱말이라고 생각합니다. 단지 일본어의 '갱년기 장애'라는 낱말은 유난히 차가운 번역어로, 이 말이 쓰이게 됨으로써 여성의 신체감각이 영향을 받은 것은 분명합니다. 기계처럼 확실히 정의할 수 있는 고장을 선고받고 자신의 가치를 뺄셈으로 계산하는 이도 있겠지요. 최근, 남성에게도 갱년기 장애가 있다는 사실이 빈번히 이야기됨으로써 여성이 느끼던 곤혹스러움은 좀 덜해졌을지도 모르지만.

병명이 통보됨으로써 완전히 환자가 되어버리는 경우도 있긴 하지만, 병명이 없으면 곤란한 경우도 있습니다. 예를 들어 회사를 쉬는 경우죠. 제가 함부르크의 한 회사에 근무했던 80년대엔 의사의 진단서가 없으면 사흘 이상 회사를 쉴 수 없는 대신, 진단서만 있으면 아무리 쉬어도 눈치를 볼 필요가 없었습니다. 저는 병원에 가느니 회사에 가는 게 즐거웠기 때문에 쉬지 않았지만 파티로 밤을 지새고는 몸이 힘들어 월요일은 결근하겠다는 사람들도 꽤 있었는데, 그런 것을 곧장 '꾀병'이라 생각해버리는 스스로가 거꾸로 싫었습니다.

피곤해서 쉬고 싶을 때는 병이 아니더라도 쉬는 편이 몸에는 좋을 것이 분명합니다. 파티 역시 안하는 것보다야 하는 편이 좋겠지요. 좀처럼 그렇게 생각할 수 없어서 당시엔 열등감을 느끼곤 했답니다.

최근에는 가혹한 글로벌 돈벌이전쟁 탓에 독일사회도 변해서 결근이 많은 사람은 물론 잔업을 거절하는 사람조차 툭하면 쫓겨나거나 출세가 불가능한, 모두들 벌벌 떠는 세상이 되어버렸습니다. 다시 말하자면 법률은 바뀌지 않았어도 일본과 마찬가지로 보이지 않는 감시의 눈이 내부에 자리를 잡는 바람에 쉬고 싶어도 쉴 수가 없어진 것이죠. 요전에 신문을 보니 프랑스의 뿌조씨트로앵그룹에서 생산성이 높은 '일본식 경영법'을 도입하자마자 자살자가 속출해서 문제가 되고 있다는 기사가 있었습니다.

번역 이야기로 돌아가자면, 현대 일본어에는 독일어 헤르츠(Herz)에 해당하는 단어가 '심장'과 '마음', 두가지가 있죠. 막연히 두개가 있는 것이 아니라 확실히 구분되어 쓰입니다. 심장병 환자가 "저 마음을 앓고 있답니다" 하지도 않고, 자기 마음을 스스로 모르는 사람에게 "네 심장에게 물어봐" 하는 것도 이상하죠. 단어가 두가지 있으니 무의식중에 두가지 씨스템을 병립시켜 받아들이는 듯도 합니다. '심장'은 태연히 물건처럼 다루고, '마음'에 대해서는 과학적인 메스를 사용하지 않는 태도 말입니다. 어쩌면, 그런 식으로 두가지 차원에서 육체를 파악하다보니 일본어 사용자 가운데 '서양'의 학에 저항을 느끼는 사람이 정작 '서양'사람보다 적은 것인지도 모릅니다.

지난번 칸사이(關西) 출신 사람들과 그런 이야기를 하다가 "수술을 하는 것은 심장, 애정이 깃든 곳은 마음, 선술집에서 먹는 것은 하쯔(ハッ)"라고 했더니 "네? 하쯔가 뭐예요? 선술집에서 먹는 것은 코꼬로(心)죠" 하는 답이 돌아와 놀랐습니다. "네? 칸사이에선 코꼬로를 먹어요?" "그럼요." "닭의 마음을 먹는다구요?" "그렇다니까요."

그렇다면 거꾸로 '하쯔'가 이쪽 사투리인가 싶어 조사해보니, 이것은 영어의 '하트'의 복수형 '하츠'(hearts)를 짧게 발음한 거라고 합니다. 정말 놀랐습니다. '하쯔'와 '모쯔'[1]는 운이 같지만, 후자는 영어가 아니라 한자어입니다. 내장보다는 '창자' 쪽이 무섭죠? 오래된 낱말의 주름은 깊고 매력적입니다.

나쯔메 소오세끼(夏目漱石)의 『코꼬로(こころ)』를 지난달 일이 있어 다시 읽었는데요, 이 소설은 어째서 이런 제목이 붙은 것일까 새삼스레 불가사의하다는 생각을 했습니다. 제가 알고 있는 독일어 번역은 소리나는 그대로 '코코로(Kokoro)'라고 제목을 붙였더군요. 영어판도 그렇습니다. 코

---

[1] 모쯔(モッ): 조오모쯔(臟物)의 줄임말로 닭, 소, 돼지 등의 내장을 뜻한다.

꼬로라는 단어는 역시 하트나 헤르츠와는 전혀 다른 역사를 짊어지고 있어서 현대에도 다른 의미로 사용되고 있으니 번역 불가능하다는 것이겠지요. 그런 의미에서는 어떤 단어도 번역은 불가능합니다만. 중국어 번역은 '心'이라고 되어 있는 모양인데 한자로 써놓은 것은 중국어이니 당연할지 모르겠지만 일본어로 제목을 붙일 때, 한자로 쓸 수도 있었겠지만 굳이 히라가나로 써놓은 것이니 설령 중국어라 할지라도 한자로 옮겨버려서는 안될 것 같은 기분도 듭니다. 자, '코꼬로'를 '心'이라고 번역하는 것은 옳은가, 옳지 않은가. 생각하다보니 중국어로 '心'이라고 쓰는 것과 일본어로 '心'이라고 쓰는 것은 모양은 같더라도 그 단어의 문화적·역사적인 의미는 달라질 것이라는 생각에 이르렀습니다.

『해부학』(Ontleedkundige Tafelen)을 옮기는 데 필요한 일본어가 존재하지 않았다는 사실을 생각하면 정말 힘들었겠지만, 실제로는 각각의 명칭을 지닌 내장이 네덜란드인의 몸 안에나 일본인의 몸 안에나 존재했던 것이죠(참고로, 번역자 스기따 겐빠꾸杉田玄白는 원작자 쿨무스J.Kulmus가 네덜란드인이라고 생각했던 모양이지만 실은 독일인이었다고 합니다). 그에 비하면 '우레이'[2]라든가 '나쯔까시사'[3] 같은 낱말

---

2 우레이(憂い·愁い): 근심, 걱정, 슬픔, 한탄 등을 뜻하는 명사다.
3 나쯔까시사(懐かしさ): 그리움, 반가움 등을 뜻하는 명사다.

을 옮길 때는 인간의 육체를 갈라보아도 그런 것들은 나오지 않으니 서로 다른 언어를 사용하는 두사람이 "이것 말입니다" 하고 하나의 내장을 가리키면서 고개를 함께 끄덕이는 상황은 영원히 오지 않는 것이죠.

    저는 어린시절, '십이지장'이라는 단어가 무척 마음에 걸렸습니다. 어쩐지 단어가 생긴 품새에 위화감을 느낌과 동시에 이국적인 매력을 느꼈던 것이죠. 이 단어도 『해체신서』[4]에 나옵니다만, 십이지장이 직역하여 생겨난 단어라는 것을 알고 그럼 그렇지, 싶었습니다. 내장을 나타내는 더없이 친근한 모어조차, 외국어를 번역하여 억지로 누군가가 만들어낸 인공적인 단어로 나타내야 한다면 이웃병원 의사라고 해봤자 외국의 의사나 매한가지 아닐까요? 독일에서는 약간 사정이 다릅니다. 좀전에 '십이지장궤양'이라는 소릴 들으면 어떡하나 하는 이야기를 했습니다만 이것을 독일어로 하자면, 긴 단어지만, 구성요소는 모두 간단한 단어들입니다. 물론 명사는 아니지만 귀로 듣는 느낌은 "열두개의 손가락 모양을 한 내장이 부어 있습니다"라는 말을 듣는 것과 마찬가지여서 듣기에 무슨 도깨비 같은 "쥬우니시쬬오까이요오(십이지장 궤양)"와는 다릅니다.

---

4 『해체신서(解體新書)』: 1774년 스기따 겐빠꾸가 번역한 『해부학』의 일본어판으로 일본 최초의 서양 해부학 번역서다.

마지막의 게슈뷔르(Geschwür: 궤양)만은 그다지 간단한 단어가 아닌지도 모르지만, 결코 라틴어에서 들어온 전문용어 따위는 아니고 의성어적 설득력을 지닌 말로 중세 독일어에도 있는 오래된 낱말입니다.

이와나미신서 중에 야나부 아끼라(柳父章)의 『번역어 성립 사정』이라는 책은 저의 애독서인데 그중 "그야말로 번역어 스러운 낱말이 정착한다"고 쓰여 있습니다. '십이지장' 역시 들어와 100년 이상 지난 여태껏 번역어 냄새를 유지하고 있습니다. 자기 말고 이 낱말을 소유한 사람이 따로 있어서 자신은 결코 그 사람만큼 이 말을 이해하진 못할 것이라고 단념을 하게 만드는 냄새죠. 의료기관은 권위의 도구로 악용될 수도 있을 것입니다. 하지만 의료기관에 유교적인 도덕성을 일방적으로 기대하는 것만으로는 무책임하죠. 언어의 역사를 탐구하여 자신의 육체를 언어의 폭력으로부터 지킬 필요가 있다고 생각합니다.

오해하시지 않도록 덧붙여두자면, 저는 번역어가 폭력이라고 말하는 것이 아닙니다. 번역어나 그렇지 않은 말이나 폭력이 될 수도 있고 영양제가 될 수도 있다고 생각하는 것이죠. 예를 들어 번역어는 중층적·입체적으로 우리 몸을 볼 수 있는 가능성을 부여해줍니다. '배〔腹〕'만으로는 해결할 수 없는 문제가 현대사회엔 얼마든지 있습니다. 만약 '배'라는 말 하나뿐인 일원문화(一元文化) 속에 억지로 자신을 가둬놓

왔다간, 마지막엔 바로 그 배를 가르고 사무라이처럼 죽을 수밖에 없을지도 모르죠. 그러지 않고 십이지장이니 맹장이니 하는 재미있는 이름의 번역 내장들이 배 안에 그득 담겨 있으니 해결법 역시 얼마든지 있으리라고 생각할 수 있는 것 아니겠습니까?

이번 봄에 와세다대학 도서관에서 1816년에 완성된 네덜란드어(화란)사전 『나가사끼 할마』를 보았던 이야기나, 지난달 레이덴에서 지볼트(Siebold) 컬렉션[5]을 보고, 레이덴대학 이보 스미즈(Ivo Smits) 교수의 이야기를 들었던 것 등도 이번에 쓰고 싶었지만 그러자면 두주일은 더 걸릴 것 같아 여기서 멈추겠습니다.

2007년 8월 20일

---

5. 『나가사끼 할마』는 에도시대에 편찬된 일어-네덜란드어 사전을 통칭하는 것으로, 나가사끼는 일본 개항기 때 네덜란드인들이 드나들던 기점이 되었던 도시다. 지볼트 컬렉션은 독일 외과의사 필리프 지볼트(Philipp Siebold)가 19세기에 일본에서 서양의술을 가르치면서 일본에 관한 정보를 모은 것을 말한다.

존엄을 지키고 싶다면 그것을 하다못해 2만개 정도의 단어로 짜맞추어
우선 입 밖에 내어 외부를 향해 항의해주었으면 좋겠습니다.

여덟번째 편지 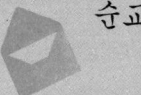 순교

어째서 죽음을 찬양하는
문화가 생겼을까요

타와다 요오꼬가  서경식에게

베를린은 급속하게 가을이 깊어져 햇빛과 비가 끊임없이 교대하는 것이 아름답긴 하지만 갑자기 추워지는 바람에 코트를 들고 외출하게 되었습니다. 서울은 여전히 더운가요?

그사이 영화 「이오지마에서 온 편지」를 보았습니다. 벌써 보셨습니까? 보면서 가장 우울했던 것은 이제 끝이다 싶어졌을 때, 병사들이 차례로 자살을 하는 장면이었습니다(이런 경우에는 보통 '자살'이라고 하지 않는 모양이지만 '자결'이라는 단어가 자살하는 의지와 용기를 칭송하는 것 같아 부러 피했습니다). 만약 중국 전선(戰線) 같은 것을 찍은 영화였다면 병사가 현지인을 죽여나가는 장면에서 마음이 무거워졌겠지만 이 영화에서는 죽음이 가장 전면으로 드러나는 것은

자살 장면이었습니다. 옛날의 저라면 먼 과거의 일로만 느꼈을지도 모르지만, 이번엔 다르더군요. 최근 몇년 동안 일본 문화에 숨어 있는 자살이라는 잔학성이 마음에 걸려 있는 탓입니다. 그래서 이 편지를 써볼 생각을 했습니다. 이해할 수 없는 문제를 누구에겐가 던져버리고 싶다는 심정으로 쓰는 것이니 결론에 이르지는 못할 것 같습니다만.

예컨대 '이지메'(집단 따돌림)에 관한 책 등을 읽다보면, '내가 따돌림당하고 있다는 것을 부모나 선생님에게 이야기하느니 차라리 죽어버리는 편이 낫다'고 생각하는 아이들이 많은 듯한데 그건 왜 그럴까요? 요즘 아이들은 알 수가 없다고 투덜대려는 것이 아니라, 저의 내면에도 그런 사고가 자리잡고 있는 듯한 느낌이 들어 섬뜩한 것입니다. 창피를 당하느니 사라져버리고 싶다고나 할까요? 또는 가장이 실직했기 때문에 온가족이 죽었다거나 일에 실패했으니 책임지고 죽는다거나 하는 기사도 눈에 띕니다.

일본의 자살에 관해 90년대에 거침없이 썼던 것이 유미리(柳美里)의 『자살』이었던 것 같은데, 그 가운데 '인간은 존엄을 지키기 위해 자살한다'는 구절이 있습니다. 만약 인간의 존엄이라는 것이 있다면, 그것은 좁은 범위의 인간관계, 가족이라든가 교실, 혹은 회사의 동료들이 망가뜨릴 수 있는 것은 아닐 겁니다. 제가 어린이들에게 독서를 권장하는 것은 세계가 넓어지면 좁은 인간관계의 노예가 되지 않을 수 있기 때문입니다.

존엄을 지키고 싶다면 그것을 하다못해 2만개 정도의 단어로 짜맞추어 우선 입 밖에 내어 외부를 향해 항의해주었으면 좋겠습니다. 언어의 풍부함에 대한 혐오, 빈약한 언어의 유서라는 형식으로밖에 존중받지 못하는 무력함, 말없이 죽는 것에 대한 찬미 등이 일본어를 옭아매고 있다는 느낌이 듭니다.

죽어서 존엄을 지킨다고 하는 것도 문제지만, 죽어서 책임을 진다는 것도 문제입니다. 죽으면 책임을 질 수가 없건만, 죽음 이외에 책임질 방법이 없다는 생각을 하게 되면, 예를 들어 일본이 어떤 사안에 책임이 있는 경우에 죽을 수밖에 없으니 거꾸로 끝까지 책임을 인정할 수가 없게 되는 거죠. 요컨대 살아있다는 것은 '깨끗이' 살아있는 것이고, 잘못을 저지른 자신의 과거를 객관화하면서 사는 것은 수치다,라는 식이 되어버립니다. 일본이 주변 나라들을 상대로 침략전쟁을 일으켜 수많은 사람들을 죽였지만 그것을 지적당하면 오히려 뻔뻔스러워지는 이유는 '지면 바로 죽어버릴 작정이었으니 나 자신이 피해자가 아닌 가해자가 된 것은 우연이다'라는 것일지도 모릅니다. 이 '내가 죽으면 되니까'라든가 '나 역시 죽을 각오로 하고 있으니까' 식의 사고방식은 실은 몹시도 잔혹한 것이건만 어느샌가 그것이 달콤한 자기도취가 되어가는 것이죠.

글을 쓰다보니 어떤 이가 떠올랐습니다. 상당한 지위에 있는 나이 지긋한 일본인으로 인생경험도 풍부하고 자기 아이나 손자들에게 인자할 것 같은 인상의 사람입니다. 그이가 "최근에 일본학교 교사들이 말하는 '생명을 소중히'라는 슬로건은 이상하다, 생명 그 자체엔 가치가 없다, 가치가 있는 것은 인간이다"라는 이야기를 꺼냈습니다. "인간은 자신이 믿는 것을 위해 목숨을 버리는 일도 있다, 목숨만 지키고 있어봤자 의미가 없다"라는 식으로 가기에 '어쩌면 이 사람, 특공대는 옳은 것이었다고 하는 거 아냐?' 하면서 듣고 있으려니, 아니나 다를까, "사람은 나라를 위해 목숨을 바치고 싶다고 염원할 수도 있다, 목숨만을 지키기 위해 전쟁에 절대 반대하는 것은 이상하다"고 하더군요.

생명을 소중히 한다, 인간뿐 아니라 살아있는 모든 것들을 죽이지 않는다는 사고는 최근에 교사들이 생각해낸 것이 아니라, 불교로부터 나온 사고방식이라고 여겨집니다. 오히려 '인간'이라는 개념이 일본에서는 새로운 것이겠지요. '사무라이는 죽음을 두려워하지 않는다'는 사고방식은 있지만 '인간은 죽음을 두려워하지 않는다'는 사고는 없었으니 정상적인 장인이나 농민, 유랑극단이라면 죽음을 두려워했겠지요. 그것이 '사무라이는'이 아니라 '일본인은'이라는 식으로 변해 2차대전에서 많은 생명을 잃어버린 것입니다. '일본인은'이라는 말이 다시 사람들의 마음을 옭아매게 되면 또 전쟁을 할 수 있을지도 모르겠다 싶어 먼지를 뒤집어쓴 국기라든가 국가를 헛간에서 꺼내서 치켜드는 사람들도 최근엔 있는 듯합니다.

물론 무사라는 것은 즉 죽어야 하는 존재라는 『하가꾸레』[1] 식의 단순화로 무사의 역사를 요약하고, 모든 것을 무사 탓으로 돌릴 생각은 없습니다. 지난번, 미시마 유끼오(三島由紀夫)[2]의 『하가꾸레 입문』을 처음 읽고 웃고 말았습니다. 서양문학의 지식을 세련되게 삽입해가면서 일본이라는 무대를 재미있게 만들어 국제무대에 내놓고 본인은 꽤나 히죽거리고 있는 듯한 인상을 받았습니다. 이런 장난에 몸을 맡기고 있다보면, 이게 본심이 되어버리는 일도 있는 거군요.

자살에는 예로부터 연극적인 요소가 강했던 듯합니다. 에도시대에 무사도 아니면서, 또한 정당한 이유도 없으면서 '쿨'하다는 이유만으로 할복을 하는 젊은이들이 있어 막부에서는 그런 유행을 금했던 적도 있다고 합니다. 카부끼(歌舞伎)에 할복이니 동반자살 이야기가 쓸데없이 많이 나올 뿐 아니라, 거꾸로 자살함으로써 인생 그 자체를 무대로 만들고 싶다는 꿈이 있었던 것이죠.

또한 미시마의 할복에는 성(性)의 표현이라는 의미도 있는

---

1 『하가꾸레(葉隱)』: 1716년 간행된 무사들의 수양서로 '무사도란 죽을 때와 장소를 발견하는 것'이라고 정의한다.
2 미시마 유끼오(三島由紀夫, 1925~70): 일본의 작가이자 극작가로 2차대전 전후 허무주의적이고 탐미적인 글을 썼다. 자위대 궐기를 요구하며 할복자살을 했다.

듯한데요, 이또오 히로미(伊藤比呂美)의 『테리토리(territory)론 1』을 다시 읽어보았더니 바로 그점이 확실히 지적되고 있어 놀랐습니다. 할복이 포르노의 주제가 되는 것도 우연은 아닌 모양입니다. 물론 포르노는, 자신의 배를 가르는 고통이 싫은 것인지 여성의 배를 가르게 하는 비굴한 것투성이입니다만.

생각하면 할수록, 무사도라고 하는 것이 불가사의하게 여겨집니다. 니또베 이나조오(新渡戶稻造)의 『무사도』를 읽다 보면, 일본문화에 도덕적 기초가 없다는 말을 벨기에인에게서 듣고 서둘러 날조해낸 것이 '부시도오'(무사도)였구나 하는 인상을 받습니다. 게다가 작가가 서문을 썼던 장소가 제가 다음주에 가게 될 미국의 한쪽 끝자락 펜씰베이니아주인 것에 놀랐습니다. 이렇게 먼 나라에서 살고 있는 사람들의 관심을 끌 만한 요소를 무사문화 속에서 주워모아 영어로 쓰는 작업의 재미라는 것은 잘 알고 있고, 비슷한 짓을 저 역시 독일어로 하고 있지 않다고 잘라 말할 수 없긴 하지만, 그래도 그렇게 구워낸 일본인상을 자신의 역할로 연기해버린다는 것은 문제죠. 예컨대 펜씰베이니아주에 살고 있는 제 친구의 아이는 「포켓몬」을 좋아해서 일본에 관심을 갖기 시작한 모양인데 그렇다고 제가 '피카츄'가 되어 보여서는 곤란한 것과 마찬가지입니다.[3]

무사도 정신을 유교 속에서 찾으려는 시도도 있습니다만,

아무리 유교가 군주라든가 부모에게 충성을 다하라고 설교한대도, 자신의 배를 가르는 것이 효도라고는 하지 않겠지요. 또한 역사상 처음으로 할복을 실행했다는 미나모또노 다메또모[4]는, 『호오겐모노가따리(保元物語)』에 따르면 할복하면서 불경을 읊은 듯하지만, 아무리 불교가 현세에 집착하지 말라 한들, 또는 극락정토는 아름답다고 선전한다 한들, 그러니 자살하라고는 말하지 않겠지요.

기독교는 르네쌍스, 계몽주의 등을 거치면서 인간의 삶을 중시하는 태도를 강화했고, 지금 유럽에서는 사형제도 폐지되었습니다. 하지만 생명존중이라고는 말할 수 없는 순교가 기독교 역사의 일부를 이루고 있다는 사실은 변함없습니다. 현대사의 예를 보더라도 나찌를 비판하는 인쇄물을 뿌리고 자신의 의견을 굽히지 않은 채 처형당한 숄 남매의 이야기가 있습니다. 영화 「조피 숄」에는, 아직 학생이고 전향하면 석방될 터이지만 자신의 생각을 굽히지 않고 기도를 드리고 나서 처형당하는 숄 남매의 모습이 그려져 있습니다. 부모 역시 그것을 납득하고 있어 말 그대로 순교였습니다. 자신의 신념을 관철하기 위해 생활이나 건강을 희생한다는 것까지

---

3 포켓몬: '포켓몬스터'를 줄여서 부른 말. 1995년 일본에서 초등학생용으로 제작된 오락게임으로 TV, 만화, 영화 등으로 보급되었다. 피카츄는 이 씨리즈에 등장하는 가공의 캐릭터로 멸종 희귀동물 새앙토끼(pika)를 모델로 하고 있다.
4 미나모또노 다메또모(源爲朝, 1139~70): 일본 헤이안 말기의 무장.

는 이해가 됩니다만, 죽음 그 자체에서 의미를 찾는 것은 이해할 수 없습니다. 사형을 면하고 남몰래 활동을 재개하는 편이 낫지 않았을까 생각하며 영화를 보았습니다.

  자살이란, 긍지를 지니고 혹은 절망하여 혹은 허무감에 몸을 맡겨 개인이 목숨을 끊는 것은 아닌 듯합니다. 자살은 생(生)보다는 성(性) 표현의 하나로, 연극적 요소가 강하고 개인이 아니라 복수(複數)의 인간이 만드는 일이라는 것입니다. 모두에게 살해당하는 것이라고 말할 수 있을지도 모르겠습니다.

  공동체가 살아남기 위해 한사람이 죽는다는 이야기는 흔합니다. 옛날이야기나 그림책 같은 형태로 어린시절부터 귀에 들어오죠. 마을에서 가장 예쁜 아가씨를 내놓지 않으면 홍수를 일으켜 마을을 전멸시키겠다는 도깨비의 위협에 부모는 울지만, 본인은 도망치지도 거역하지도 않고 "부모를 위해, 모두를 위해"라며 죽어갑니다. 그러면 이 아가씨는 스스로 자기 몸을 희생해 모든 사람을 구한 것이 되고 죽인 쪽의 법적인 책임 같은 것은 없어져버리는 것입니다. 하지만 그 아인 거절할 수가 있었을까요?

  특공대에 관해서도 "아직 어렸던 그들은 강요당하여 죽어갔다"고 하는 의견에 대해 "나이는 관계없다. 그들은 나라를 위해 자신의 의지로 죽어간 것이다"라고 반론하는 이들이 있는 모양이지만, 이 '자신의 의지'라고 하는 것 언저리에 커다란 문제가 있는 것 같습니다. 분명히 그런 경우, 그들은 "죽기 싫다"고는 말하지 않았고, 나라를 위해 죽는 일의 가치를 믿은 아이도 있었을지 모릅니다. 하지만 다양한 세상의 사상들을 배우고 그 가운데서 선택한 길은 아니니 자유의지라고 할 수는 없겠지요. 또한 자기만 싫다고 했다가는 모두에게 따돌림당할 것이고 그렇게 되면 정신적으로나 경제적으로나 살아남을 수 없다고 하는 생각, 그것만으로도 충분히 강요입니다.

최근에 이슬람원리주의 자살폭탄 테러와 연관되어 특공대가 새삼 화제입니다. 9·11이 진주만 공격에 비유되고, 독일신문도 비행기를 사용한 자폭테러를 가리켜 '카미까제 비행'이라 부를 정도니까요. 세개의 유일신교가 공유하는 순교와 종교전쟁의 역사를 돌아보는 대신, 이슬람권을 일본과 더불어 오리엔탈리즘적 의미의 '오리엔트'에 던져넣고는 '이해할 수 없고, 소름끼치며, 아시아적이다'라는 말로 정리해버리는 것입니다. 또한 미국에서는 병사들이 조국을 위해 죽는 '순교'를 장려하는 군대문화가 있고, 그러한 순교와 이슬람원리주의의 자폭테러는 자신의 이상을 위해 목숨을 버려 싸우는 것이니 기본적으로는 같은 것 아니냐는 사람이 나올까 걱정스러운지 자폭테러는 '카미까제'라 불러 자국 병사의 성스러운 순교와 구분하고 있는 것입니다.

하지만 그것은 특공대의 역사를 제대로 조사해 발표하지

않는 일본의 책임이기도 합니다. 동정을 불러일으킬 그들의 수기뿐 아니라 어쩌다가 그렇게 되었는지, 같은 일이 되풀이 될 가능성은 없는지 등을 생각할 때 도움이 될 만한 역사적인 연구가 더 있어야 할 것입니다. 좋은 책이 전혀 없는 것은 아니지만요.

이슬람교 자체는 기독교와 마찬가지로 결코 자살 찬양 같은 건 하지 않습니다. 그러니 테러리스트가 일본에서 힌트를 얻었다고 하는 가설이 나오는 것도 무리는 아닙니다. 작년 요르단에 갔을 때, 일본의 특공대 정신을 칭송하는 아랍어 시를 보고 흠칫했습니다. 어째서 죽음을 찬양하는 문화가 생겨버렸는지 세계를 향해 설명할 책임이 지금 새삼스레 어깨에 지워져 있다는 생각이 듭니다.

2007년 9월 10일

누구나 죽어야만 한다

서경식이 타와다 요오꼬에게

타와다 요오꼬씨. 8월 하순부터 짤쯔부르크, 오슬로, 카셀을 돌아 9월이 되어 서울로 돌아왔습니다. 유럽은 쌀쌀했고 특히 오슬로는 8월인데도 아침엔 섭씨 2,3도의 추위였기 때문에 아직 여름이 이어지고 있는 서울에 돌아와 한숨 돌리고 있습니다.

시차와 기온차라는 타격에서 회복되기 전에 서울거리를 걸었습니다. 유럽의 도시와는 대조적으로 온갖 소리와 냄새가 넘치고, 버스는 맹렬한 속도로 질주하며, 마주치는 사람들은 생명의 에너지로 가득 차 있는 듯합니다. 그 인파를 바라보며 주신 편지에 어떤 답장을 쓸까 생각하면서 저는 이런 생각에 사로잡혔습니다.

이 수많은 인간들 가운데 누구 하나도 스스로의 의지로 태어난 사람은 없다.

요시노 히로시(吉野弘)의 시를 보았던 오랜 기억이 되살아납니다.

I was born.

아마도 영어를 막 배우기 시작할 무렵이다.

어느 여름날 저녁. 아버지와 함께 사찰 경내를 걷고 있는데, 푸른 저녁 어스름 속에서 떠오르듯이, 하얀 여자 하나가 이쪽으로 다가온다. 나른하게 느릿느릿.

여자는 아이를 가진 듯했다. 아버지의 눈치를 보면서도 나는 여자의 배에서 눈을 떼지 못했다. 머리를 아래로 향한 태아의 유연한 꿈틀거림을 배 언저리에서 연상하면서 그것이 마침내 세상에 태어난다는 것의 신비가 가슴을 쳤다.

여자는 스쳐지나갔다.

소년의 사고는 날아다닌다. 그때 나는 '태어나다'(生まれ

る)라는 것이 그야말로 '수동'인 이유를 문득 깨달았다. 나는 흥분하여 아버지에게 말을 걸었다.

…… 역시 I was born이네……

아버지는 의아하다는 듯 내 얼굴을 들여다보았다. 나는 되풀이했다.

…… I was born이라니까. 수동형이잖아. 제대로 말하자면 인간은 태어나지는 거야. 자신의 의지가 아닌 거지……

그때, 얼마나 놀라며 아버지는 아들의 말을 들었을까. 내 표정이 그저 순진하게 아버지 눈에 비칠 수 있었을까? 그것을 살피기엔 나는 아직 너무 어렸다. 내게 있어 이 일은 문법상의 단순한 발견에 불과했던 것이니. (…)

전반부만을 인용했습니다. 전문을 소개하고 싶지만 지면이 모자랍니다.

제가 이 시를 처음 안 것은 그야말로 영어를 배우기 시작한 지 얼마 되지 않았던 중학생 때였습니다. 저 자신, 이 시로 인해 놀라며 깨달았던 것이죠. 그렇지, 인간은 자신의 의지로 태어나는 것이 아니야 하고.

1926년 출생. 야마가따현 사까다시 출신. 고교졸업 후 취직. 징병검사를 받았으나 입대 전에 패전을 맞음. 1949년 노동조합운동에 전념하다가 과로로 쓰러져 폐결핵에 걸려 3년간 요양.

요시노 히로시의 간단한 약력입니다. 소년 요시노 히로시가 영어를 배우기 시작한 때는 1930년대말이었을까요?

일본이 중국침략전쟁으로부터 영·미와의 자멸적인 전쟁으로 휩쓸려 들어가던 그런 시대. 국가로부터 강요당하는 '죽음'이 누구에게나 불가피한 숙명으로 여겨지던 시절, 적성국가의 언어인 영어를 배운 한 소년이 이 '문법상의 단순한 발견'을 한 것이죠.

영어의 'I was born'을 '출산되다(産まれる)'가 아닌 '태어나다(生まれる)'로 옮긴 것도 기묘합니다. '태어났다(生まれた)'와 '출산되었다(産まれた)'에는 '죽다'와 '살해되다'만큼의 차이가 있건만.[5] 아니 어쩌면 '태어나다'는 원래 '출산되다'라는 수동형이었던 것일까요?

I was born. 나는 '출산되었다'— 하지만 By what? 무엇에 의해? 누가, 어째서, 인간을 이 세상에 태어나게 하는 것일까요?

더구나 자신의 의지로 태어난 것도 아니건만 누구나 죽어야만 한다. 이것은 부조리의 궁극이라고나 하겠지요. 이러한 부조리를 자신에게 강요하는 존재는 자기 스스로의 의사를 초월한 절대자여야만 할 것입니다. 그러니 대부분의 인간은

---

5 '태어나다(生まれる)'와 '출산되다(産まれる)'는 의미하는 바가 다르지만 둘 다 형태상 수동형 어미로 되어 있다.

거기에 '신'이라고 하는 초월적인 존재를 상정하지 않고는 견딜 수가 없는 것입니다.

25년쯤 전, 저는 두 형이 한국의 옥중에 있었고 양친 모두 세상을 떠났는데, 저 자신은 직업도 없고 미래의 희망이라고는 한점도 없는 상황에 있었습니다. 자진해서 자살을 하고 싶다고는 생각하지 않았지만 죽음을 굳이 거부할 생각도 없었습니다. 차라리, 어떤 식으로든 언젠가 인생이 끝나는 것이라면 그것이 지금이라서 안될 이유가 있을까 하는 심정이었습니다. 그 당시, 처음으로 유럽여행을 떠난 저는 스트라스부르 대성당 부속박물관에서 한점의 그림에 마음을 빼앗겼습니다.

알몸으로 서 있는 한쌍의 남녀가 그려져 있습니다. 다만 이 남녀는 죽은 자들이었고 이미 부패가 시작되고 있습니다. 남자는 바짝 여위어 갈비뼈가 비쳐보이고 뱀이니 지렁이 같은 것들이 몸 안을 파고들어가 있습니다. 여자는 피부가 추하게 늘어지고 빠져버린 머리카락 대신 머리 위에 뱀이 똬리를 틀고 있습니다. 음부엔 커다란 두꺼비가 철썩 들러붙어 있습니다.—누가, 무엇 때문에 이런 그림을 그렸을까? 그 충격이, 제가 서양미술에 관심을 갖게 된 원인의 하나입니다.

나중에 알게 되었지만 이러한 변태적(사체 취향) 모티프는 15세기경에 유럽에서 널리 유행했다고 합니다. 흑사병, 백년전쟁, 십자군 등의 참화와 열광을 경험했던 그 시대,

"'죽음을 생각하라'(메멘또 모리memento mori)는 부르짖음이 삶의 모든 국면에 끊임없이 울리고 있었던"(하위징아, 『중세의 가을』) 당시 귀족이나 부유한 시민들은 '메멘또 모리'라는 외침에 두려워 떨듯이 이러한 사체 취향의 그림들을 그리게 하여 교회에 봉납했습니다. 피할 수 없는 죽음을 앞에 두고 삶에 대한 겸허함을 한껏 드러내는 것이 최후심판 때 천국을 허락받는 열쇠가 된다고 하는 사상 때문입니다. 다시 말하자면 이 사체 취향은 차라리, 영생에 대한 끝없는 욕망의 표현이었다고도 말할 수 있는 것이지요.

국왕이 신의 대리인이라고 하는 교권국가는 이러한, 사람들의 죽음에 대한 공포와 영생에 대한 욕망을 수렴해왔습니다. 프랑스혁명 이후, 그때까지의 교권국가를 대신해 근대 국민국가가 들어선 뒤에는 국가가 교회를 대신하여 인간들의 영생 욕망을 수렴하게 됩니다. '개개인의 삶은 유한하지만 국가는 무한하며 국가를 위해 죽는 것은 영원한 삶을 얻는 것이다'라는 사상은 모든 근대 국민국가들에 많든 적든 공통되는 것입니다.

일본군 특공대로 대표되는 것 같은 국가에 의한 죽음의 강요도, 자기도취적 미화도, 바로 이 때문에 가능해지는 것이겠지요. 국가가 폭력을 소유하고 국민을 죽음으로 내몰아간다는 것은 사실이지만, 인간 자체도 자신의 부조리한 삶의 의미를 '신'이나 '국가'에서 찾을 수밖에 없다고 하는 약점이

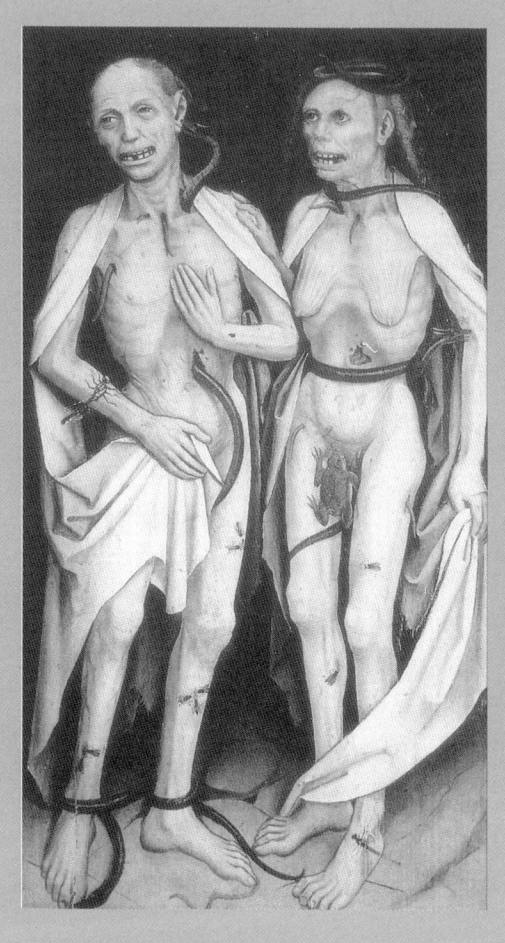

울름의 장인 「저주받은 연인」 1460~70년

있다는 말입니다. 이 약점을 극복하지 않으면 국가에 의한 '죽음'의 수탈을 끝낸다는 것은 불가능할지도 모릅니다.

"나는 왜 태어났어?"라고 아이가 따지고 들 때, 어른들이 대답할 말이 있을까요? 대개의 경우, '하나님의 뜻'이라는 초월적 관념이나, 그렇지 않으면 '부모의 사랑'이라는 것을 끌어다댈 수밖에 없겠지요. 이러한 속임수에 기대는 어른들은 언제든지 바로 그 입으로 '신의 뜻'이니 '부모의 사랑'을 근거로 국가를 위한 죽음의 가치를 떠들어댈 수도 있는 것입니다. '신'이 살라고 명해서 사는 것이라면 '신'으로부터 죽음을 명령받았을 때, 그것을 거절할 발판은 이미 잃어버린 것이니까요.

'순교'가 되었든 젊은이의 자살이 되었든, 만약 그것을 조금이라도 줄이고 싶다면 해야 할 일은 두가지로 집약될 것입니다. 하나는 말할 필요도 없지만, '순교자' 예비군이나 자살 지원자들이, 이 세상에 태어나서 다행이다 싶을 만한 세상을 만드는 것입니다.

다른 하나는 한사람 한사람의 인간이 정신의 독립을 이룩해 자기 생명의 주권자가 되는 것입니다. 그러기 위해서는 이미 태어나버렸다고 하는 부조리를 누구에게도 기대지 않고 자신의 것으로 받아들이고 수동태로서의 '출산되다'를 능동태로서의 '살다(生きる)'로 전환하는 수밖에 없습니다. 그리고 여기엔 필연적으로 수동태로서의 '죽음'으로부터 능동

태로서의 그것으로 가는 전환이 포함된다고 저는 생각합니다. 제가 자살이라는 행위를 모조리 부정하지 않는 이유는 여기 있습니다.

당신이 말씀하신 대로 많은 자살이 실제로는 강요당한 죽음이라는 것은 사실이고, 참으로 '자신의 의지에 의한 죽음'은 지극히 드뭅니다. 하지만 그것이 실재하지 않는 것은 아닙니다.

예를 들어 카네꼬 후미꼬(金子文子)의 경우는 어떨까요?

1926년 7월, 스물세살의 카네꼬 후미꼬는 형무소에서 자살했습니다. 부당한 대역죄로 사형판결을 받은 그녀는 판결 열흘 후, 무기징역으로 '은사(恩赦)'를 전하는 감형장을 건네받았지만 그 자리에서 찢어버렸습니다. "미래의 나를 살리려고 현재의 나를 죽이는 짓은 결단코 할 수 없습니다. 저는요, 권력 앞에 무릎을 꿇고 사느니 차라리 죽어 끝까지 제 뜻을 관철하렵니다." 카네꼬 후미꼬가 남긴 말입니다.

이렇게 쓰면 마치 카네꼬 후미꼬의 '정치적 올바름'만을 강조하고 있다고 받아들이실지 모르겠지만, 그것은 저의 진의가 아닙니다. 당신은 편지에서 '자살은 생(生)보다는 성(性) 표현의 하나'라고 쓰셨습니다. 분명 옳은 말입니다. 그리고 저는 그것을 굳이 부정적이라고 생각하지 않습니다. 카네꼬 후미꼬는 함께 대역죄로 잡혀온 박열(朴烈)과 동거했던 이유에 대해 "국적을 완전히 넘어선 동지애와 성애가 일치

했기 때문"이라고 재판에서 말했습니다. 그녀가 천황제국가의 법정에서 일부러 '성애'라고 강조하고 있는 것은 중요합니다. 그녀에게 있어 정치적인 올바름과 성애의 환희는 나눌 수 없는 것이었습니다. 자신의 목숨을 끊는 것과 에로스를 관철하는 것은 이런 경우 일치하고 있었던 것입니다.

저는 여기서 스스로의 '생사'를, 또한 '성애'를 '신'이나 '국가'로부터 되찾아옴으로써 정신적인 독립을 쟁취한 인간의 모습을 봅니다. 물론 그녀처럼 사는—죽는—것은 지극히 어려운 일이고, 저에게 그것이 가능할지 어떨지 '지금으로서는' 아직 모르겠습니다만.

2007년 9월 17일

저에게도 향수 비슷한 감정이 없는 것은 아닙니다.
다만 거기엔 언제나 어색함이나 부끄러움이 엉켜 있어서 단순히
그리움에 몸을 맡길 수가 없습니다.

아홉번째 편지  고향

'당신의 고향은 어디입니까'라는 질문

서경식이   타와다 요오꼬에게

    타와다 요오꼬씨, 서울 저의 집 창문 아래로 큰 길이 보입니다. 여의도 국회의사당 앞을 지나 한강 다리를 건너 시내 중심부의 시청에 이르는 중심가죠. 평소엔 자동차로 꽉 차 있지만 오늘은 거짓말처럼 한산합니다. 오늘부터 추석연휴가 시작된 것입니다. 추석이란 오본[1]과 비슷한 것인데, 한국에서는 설과 더불어 중요한 연중행사랍니다.
    한국에서는 추석이 다가오면 온통 들뜨기 시작하고 '고향'이니 '가족'이니 하는 말들이 쉴새없이 오갑니다. 온가족이 함께 귀성한다는 풍습이 뿌리깊게 남아 있기 때문이죠.

1 오본(御盆): 음력 7월 보름에 열리는 불교의 절기로 일본인들은 귀향하여 조상의 묘를 찾는다.

대가족이나 손님의 식사를 준비해야 하는 여성에게는 상당한 부담이어서 모처럼의 휴가를 시댁 부엌에만 틀어박혀 지냈다고 푸념을 하는 사람도 적지 않습니다. 신문기사를 보면 기혼여성들이 가장 듣기 싫어하는 말은 시부모가 "더 있다 가거라" 하고 붙잡는 말이라고 합니다. 그렇지만 한국에서 이러한 풍습이 그리 쉽게 바뀔 성싶지는 않습니다.

어제 지하철역에서 대학으로 가는 길을 걷고 있는데 낯익은 여학생 하나가 제게 말을 걸어왔습니다.

"선생님, 고향이 어디세요?"

이 경우의 '고향'이라는 말에는 '태어난 장소' 또는 '귀성할 곳'이라는 의미 말고도 '친족의 출신지'라는 뜻이 있습니다. 제가 태어난 곳은 일본의 쿄오또시. 부모님은 이미 별세하셨고 저는 귀성할 곳이 없습니다. 제 친족의 출신지는 충청남도 청양군이라고 하는 지방의 산촌입니다만, 40년 전에 한번 가본 적이 있을 뿐 일가친척이 지금도 거기 살고 있는지 어떤지는 모릅니다.

저는 말이 막혀 "글쎄, '고향'이라…… '고향'이라는 것도 깊이 생각해볼 문제로군요……" 하고 대답했습니다. 학생으로서는 그저 가벼운 기분으로 때에 맞는 인사를 했을 뿐이련만 제게서 뜻밖의 반응이 돌아와서 당황했을 겁니다.

고향을 곧잘 화제로 삼는 것은 한국인만이 아닌 모양입니다. 작년 여름 독일 각지에서 강연을 하는 동안, 가는 곳마다 청중들이 '당신의 하이마트(Heimat)는 어딘가?' 하고 물었습니다. 청중의 대부분이 재일조선인이라는 존재에 관해 처음 들었고 한 사회에서 타자로 살아간다는 게 어떤 것인지, 좀처럼 납득하기 어려운 듯했습니다.

독일어 '하이마트'는 사전적으로 옮기자면 고향(hometown)이라는 의미겠지만 그것은 역사적으로나 문화적으로나 그리 간단히 번역해버릴 수 없는 함의가 있는 것 같습니다. 19세기 독일 낭만주의에서 미적 양식화가 이루어진 하이마트 의식은 20세기를 맞이할 무렵, 반유대주의라든가 대(大)독일 민족주의와 연결되었고 1차대전에서의 패배 이후 나찌즘의 대두로 귀결되어갔다는 역사적인 궤적이 있습니다. 따라서 '하이마트'란 '아우슈비츠 이후의 세계'에 있어 설령 그것을 쓰게 되는 경우라도 언제나 신중한 주석을 동반해야만 하는 단어인 것입니다.

현재 독일시민 대다수가 적어도 겉으로라도 그러한 인식을 공유하리라 저는 생각했었기에 이런 질문이 이어지는 것을 보고 약간 당황스럽더군요. 게다가 어투는 "너는 하이마트가 없어 안됐지만 우리에겐 그게 있어 다행이다" 하는 연민과 자기긍정의 뉘앙스가 느껴지는 것이었습니다.

'고향' '혈연공동체(가족)' '국가'라는 세가지는 엄밀히 말하자면 별개의 것이지만, 그 구별을 허용치 않는 것이 '하이마트 의식'이라 여겨집니다. 어떤 언어에 대한 애착, 어떤 풍경이나 기후에 대한 향수, 음악이나 음식 취향, 일일이 말로 하지 않아도 서로 통하는 친밀한 정서, 그런 것들을 통해 '하이마트'를 공유하고 있다고 하는 공상적 일체감은 현실에 맞지 않을뿐더러 위험하기도 합니다. 독일사회에서는 약 300만명의 터키계 시민을 비롯하여 출신지나 문화적 배경이 다른 이들이 거주하고 있습니다. "너의 하이마트는 어디인가?"라는 질문이 그들을 향할 때, 자칫 그것은 "여긴 독일인의 나라야, 불만 있으면 나가버려"라는 폭력으로 이어질 수 있습니다.

독일에서도 다른 유럽나라들과 마찬가지로 이민 배척의 움직임이 증가하고 있습니다. 또한 이른바 '대테러전쟁' 분위기 속에서 이슬람계 시민에 대한 지나친 경계심이나 적의가 조금씩 퍼져가는 듯도 합니다. 제가 태어난 곳은 쿄오또지만 조상들의 출신지는 조선입니다. 따라서 '고향이 어디냐?'는 물음에 저는 '쿄오또입니다'와 '조선입니다'라는 두 가지 대답을 할 수 있지만, 일본에서 앞의 대답을 했을 때와 뒤의 대답을 했을 때 상대방의 반응은 완전히 달라집니다. 후자의 경우 상대는 명백히 일종의 긴장감을 느끼는 것 같고 그것이 저를 불편하게 만듭니다. 독일에 사는 이슬람계 주민들 역시 많든 적든 저와 같은 경험을 하고 있는 것이 아닐까 상상하는 것이죠.

삼사년 전 꽤 오랜만에 쿄오또에 간 적이 있습니다. 『소년의 눈물』이라는 제 책이 한국에서 번역출판되었을 때, 한국의 텔레비전 방송국에서 저의 성장과정을 주제로 작은 다큐멘터리 영상을 만들게 되어 촬영을 하러 갔던 것이죠.

어린시절을 보낸 '서민들이 사는 동네'(下町)를 한국의 텔레비전 촬영팀과 함께 걷다보니 상점가의 두부집이 옛모습 그대로 남아 있었습니다. 가게 안을 들여다보니 더운 김이 피어오르는 커다란 가마솥 앞에서 일하고 있는 주인의 뒷모습이 보였습니다. 어딘가 낯이 익은 것 같아 "와, 오랜만이네요" 하고 말을 걸려고 했지만 목소리가 제대로 나오지 않는 것이었습니다.

잊고 있었지만, 그 두부가게 아들은 자기보다 어린 아이들을 뒷골목으로 끌고가 때리곤 하던 사나운 사람이었습니다. 그래서 저는 이 두부가게로 심부름 가는 것이 싫었죠. 그 불쾌감이 되살아난 것입니다.

그 깡패가 가게를 물려받은 것일까……? 인기척을 느끼고 이쪽을 돌아본 주인의 얼굴에는 나날의 노동에서 오는 피로가 진하게 새겨져 있었습니다. 그는 의아하다는 듯이 이쪽을 바라보고 있었습니다. 저도 말이 나오지 않았습니다. 50대 중반을 넘긴 남자 둘이 한동안, 말없이 서로를 바라보고만 있었던 것이죠. 죽마고우의 재회라는 '쓸 만한 장면'을 노리던 촬영팀에겐 절호의 기회였겠지만 저는 그와 말을 나누지 않은 채 그곳을 떠났습니다. 시효가 지난 후 범행현장에 돌아온 도망자 같은 심정이었습니다.

며칠 전, K군이라는 고등학교 동창에게서 오랜만에 이메일을 받았습니다. 쿄오또지사로 전근을 왔다는 소식입니다. 일찍이 형이 한국에서 투옥당해 제가 궁지에 몰렸을 때, 큰 힘이 되어주었던 좋은 친구입니다. 그는 큐우슈우의 대학을 졸업하고 어느 대기업에 취직해 전국 각지를 돌아다녔습니다. 정년을 3년 남긴 나이가 되어 고향인 쿄오또로 돌아올 수가 있었던 것이죠. 정말이지 휴 하고 안도했을 겁니다.

제가 자란 곳은 쿄오또시 서부의 가난한 서민들의 마을이었지만 K군의 집은 쿄오또 고쇼(御所)[2] 바로 옆에 있었습니다. 저는 가벼운 놀림을 담아 '궁전 언저리족'이라고 그를 부르곤 했습니다. 토오꾜오에서 말하는 에돗꼬(江戸っ子)[3]와는 상당히 다르지만 어쨌든 몇세대에 걸쳐 쿄오또의 중심부에 사는 토박이라는 뉘앙스였습니다.

1969년에 고등학교를 졸업하고 저는 토오꾜오로, K군은 큐우슈우로 길이 나뉘었습니다. 그후, 크고 작은 일들이 거듭되며 40년 가까운 세월이 흘렀고 그는 윷놀이판의 끝내기라도 하듯 궁전 언저리로의 귀향을 이룩한 것입니다. 그 마을에는 지금도 그의 유치원시절 때부터의 친구들이 살고 있

---

2 고쇼(御所): 천황의 거처.
3 에도(江戸)에서 나고 자란 토박이라는 말로 토오꾜오 태생 사람들을 가리킨다.

을 겁니다. 서로의 집안사정부터 학교성적까지 알고 있는 사이죠. 근처 찻집 주인이나 치과의사, 시의원도 모두 소꿉동무들이겠지요. 지금도 어린시절 그대로, 서로를 아무개야 하고 부를지도 모릅니다. 여름철 프로야구 씨즌이면 쿄오또의 이발소에선 손님의 머리를 자르면서, 어김없이 "한신(阪神)[4], 또 졌네요" 하고 이발사가 말을 겁니다. 저는 그런 대화가 정말 끔찍해서 언제나 잠이 든 척하며 잠자코 있지만, K군이라면 이발사와 세상 돌아가는 이야기로 꽃을 피울 거예요.

K군은 고등학생 때, 실연의 괴로움에 시달리며 싸구려 위스키 한병을 주머니에 찔러넣고 다이몬지(大文字)[5] 산속을 헤매고 다닌 적이 있다고 합니다. 그 다이몬지산이 매일 아침 출근길에 옛날과 같은 모습으로 눈에 들어올 겁니다. 어떤 기분일까요? "고향의 산이여, 고마워라" 할까요? 저라면, 옛날 서로 상처를 입혔던 여성과 날마다 얼굴을 대하는 것 같은 어색함을 느낄 것 같습니다만.

K군의 전근을 축하하기 위해 동창생들이 모였다는데 그들, 그녀들은 각각 의사, 공무원, 교사라는 직업을 가지고 줄곧 쿄오또에서 살아온 이들입니다. 그 땅에 깊숙이 뿌리를 내린 사람들이라고나 할까요? 그 사람들은 저에게도 동창회

---

4 오오사까(大阪)에 본거지를 둔 일본의 명문 프로야구팀.
5 쿄오또에 있는 산으로 해마다 오본이면 이 산기슭에 큰대자 모양으로 불을 놓는다.

에 나오라고 친절하게 연락을 해줍니다만, 저는 어색함이 앞서 아무래도 참석하겠다는 마음이 들지 않습니다. 그런 저의 감정이 상대방에게도 투영되어 그 자리가 썰렁해질 것이라고 상상하다보니 더욱 그렇습니다.

저에게도 향수 비슷한 감정이 없는 것은 아닙니다. 다만 거기엔 언제나 어색함이나 부끄러움이 엉켜 있어서 단순히 그리움에 몸을 맡길 수가 없습니다. 게다가 유년기나 사춘기라는 것은 대부분의 어른들이 막연히 믿고 있는 것처럼 평화롭거나 행복하기만 한 것도 아니죠. 적어도 저는 그랬습니다.

루쉰의 『고향』은, 몰락한 구가(舊家)의 가장인 루쉰이 남의 손에 넘어간 생가를 정리하기 위해 귀향하는 이야기입니다.

> 아아, 이것이 20년 동안 한시도 잊지 못했던 고향이란 말인가./내가 기억하는 고향은 전혀 이렇지 않았건만. 내 고향은 더 좋았는데. 그 아름다움을 떠올리며 그 장점을 언어로 표현해보고자 하면, 그 모습은 사라지고, 말을 잃고 만다. 역시 이런 것이었는지도 모른다는 기분이 든다. 그래서 나는 이렇게 자신을 위로하였다. 원래 고향이란 이런 것이다 — 진보도 없는 대신, 내가 느끼는 것 같은 적막도 있을 리 없다. 그렇게 느끼는 것은 다만 나 자신의 심정이 변했기 때문이다.

루쉰은 옛 친구인 룬투(閏土)와 서먹서먹한 재회를 하고 쓸쓸한 마음으로 고향을 뒤로합니다. "나는 드러누워 뱃전에 살랑거리는 물소리를 들으며 지금 내가 나의 길을 걷고 있음을 깨달았다. 생각하면 나는 마침내 룬투와 이렇게 동떨어진 곳까지 와버린 것이다." 그러면서 루쉰은 젊은이들에게는 '사람과 사람 사이의 먼 거리만은 알려주고 싶지 않다'고 생각합니다.

저 자신이, 루쉰처럼 어떤 시점에서 명확히 고향을 잃었다는 것은 아닙니다. 오히려 재일조선인 2세라고 하는 것은 태어나면서 고향을 잃어버린 존재라고도 할 수 있겠지요. 제가 어릴 때부터 루쉰의 『고향』에 마음이 끌렸던 것은 '사람과 사람 사이의 먼 거리'를 알아버렸기 때문일지도 모릅니다.

이렇게 서울의 임시 거처에서 일년반이나 살다보면 때로는 무심결에 '슬슬 돌아가야지' 하는 기분이 솟아날 때가 있습니다. 하지만 찬찬히 생각해보아도 어디로 돌아가고 싶은 것인지 모르겠습니다. 결국 돌아가고 싶은 곳, 돌아가야 할 장소 따위는 없다는 결론에 언제나처럼 이르게 됩니다. 타와다씨, 당신은 어떠신가요?

2007년 9월 22일

그 마을은 이미
존재하지 않는다

타와다 요오꼬가  서경식에게

지금 미국의 오클라호마씨티에서 이 편지를 쓰고 있습니다. 콘크리트로 뒤덮인 지면은 여전히 한여름 같은 태양을 반사하고, 밖에 나서면 더위가 위에서 쏟아져내릴 뿐 아니라 아래로부터도 치솟아옵니다. 어제 호텔에 도착하며 보니 '차이니즈&재패니즈'라고 쓰인 간판이 길 건너에 있기에 체크인을 하고 나서 뭘 좀 먹자 싶어 호텔을 나섰지만 이차선뿐인 이 길을 좀처럼 건널 수가 없는 겁니다. 끊임없이 차들이 지나갑니다. 신호가 없을뿐더러 횡단보도도 인도도 없습니다. 주변을 둘러보니 사람은 그림자도 보이지 않습니다. 그러고 보니 여기 오는 도중에도 보행자는 전혀 눈에 띄지 않고 사람들이 밖을 걸어다니는 지역이 딱 한군데 있긴 했지

만, 자동차로 바래다준 사람이 홈리스들이라고 일러주더군요. 자기 발로 걷는 사람은 집 없는 인간뿐인 자동차사회인 것이지요.

가까스로 차가 좀 뜸해진 틈에 저는 뛰어서 길을 건넜습니다. 불법으로 국경을 넘어 고속도로를 달려 도망치는 이민자라도 된 듯한 기분이 한순간 들었습니다. 건너간 쪽은 '차이니즈&재패니즈'입니다. 제가 그 단어에서 저와 특별히 관계 깊은 무언가를 느껴 어떻게 해서든 저쪽으로 건너가고 싶다고 느낀 것은 아니었습니다. 밥이 먹고 싶었을 뿐이죠. 벌써 며칠이나 쌀을 먹지 못했거든요.

혀라는 기관에는 음식의 맛을 확인하는 역할과 말을 하는 역할이 있죠. 저에게는 언어가 음식보다는 소중하지만, 한 일주일 일본어를 말하지 않아도 전혀 아무렇지도 않은데 사흘만 쌀을 먹지 못해도 견딜 수가 없어지는 건 도대체 왜 그럴까요?

겨우 길을 건너 건물 안에 들어가보니 소름이 끼칠 만큼 냉방이 되어 있고 밖과는 달리 사람들이 잔뜩 있었습니다. 모두들 자동차로 왔겠지요. 기름이 뚝뚝 떨어지는 튀김들이 늘어서 있는 패스트푸드 뷔페입니다. 밥이 없을 리야 없겠지만 좀처럼 찾을 수가 없었습니다. 구석 쪽에 '초밥'이라고 쓰인 작은 코너가 있어 게살 카마보꼬(蒲鉾)[6]를 감은 김밥들이 조용히 늘어서 있었습니다. 김에 싸여 떡이 되어 있는 차가운 밥이 먹음직스러워 보이지는 않았지만 밥이라고는 이것 말고는 기름범벅된 볶음밥뿐이어서 할 수 없이 아무도 쳐다보지 않는 그 마끼 초밥을 몇개나 그릇에 담고 있으려니까 계산대에 서 있던 여성이 다가오더니 흰밥도 있다며 커다란 밥솥이 있는 곳으로 데려다주는 것이었습니다. 그녀는 어떻게 제가 쌀밥을 찾고 있다는 걸 알았을까요?

혼자서 여행을 하고 있냐고 묻기에 그렇다고 했더니 밥을 더 푸라며, 마치 친척이라도 된 듯이 몇번이나 권하더군요. 그녀가 아시아 어느 나라에서 온 이민자인지는 모릅니다. 그쪽 역시 제가 어디서 왔는지 묻지 않았습니다. 다만 흰쌀이라는 것에 대한 기억, 환상과도 같은 것을 통해 순간적으로 연결되었고, 여기서 멀리 떨어진 곳에 옛날부터 빵이나 감자가 아니라 쌀을 먹어온 사람들이 사는 지역이 있다는 마음이 들게 된 것이죠. 이것은 상황의 도움을 빌려 타인끼리 어느 순간 공유하는 '고향'이지만 단순한 착각이 아니라 역사의 산물입니다.

저는 토오꾜오 나까노(中野)구에서 태어나 소학교에 들어갈 때까지 그곳에서 보냈지만 지금 나까노구에 가봐도 고향이라는 느낌은 전혀 들지 않고, 무엇보다 그것을 기대한 적

---

6 날생선살을 갈아 소금과 조미료를 넣고 잘 섞은 것을 모양을 다듬어 찌거나, 굽거나, 튀기거나 삶은 것을 말한다.

도 없습니다. 그것은 거기에 몇세대나 이어지는 공동체가 있어 자신이 그 일원이었다고 하는 성격의 장소가 아니었던 탓도 있습니다. 이웃 아이들과 놀았던 일, 같은 아파트 사람들, 집 주변의 모습 등은 기억하지만 당시 근처에 살던 이들은 아마도 지금 대부분 거기 살고 있지 않을 겁니다. 아파트 건물도 없고, 주변 모습도 완전히 변해버렸다고 합니다. 저는 이미 정확한 장소를 짚어내지조차 못합니다. 하지만 그걸 슬퍼한 적은 없습니다. 차라리 토오꾜오라는 곳은 공사현장 같은 거라고 생각하고 있고 그래서 좋은 거니까요.

나까노구를 떠나, 그후 독일에 올 때까지 쭉 살던 쿠니따찌시에는 제 나름 친근감을 느끼지만 제 속에 쿠니따찌라고 하는 땅의 이미지가 만들어진 것은 독일에 온 후 10년쯤 지나『이누무꼬이리(犬婿入り)』를 썼을 때였습니다. 그러니 제가 생각하는 쿠니따찌도 어디까지나 픽션이라고 말해도 좋겠지요.

이야기를 다시 원점으로 돌리자면, 오클라호마대학에서 볼일이 끝나 쌘디에이고로 갈 때까지의 주말에, 아무것도 할 일이 없어 오클라호마씨티에 머물게 되었는데요. 일찌감치 아름다운 캘리포니아로 가버렸으면 좋았을 것을 굳이 지루하기로 정평이 난 이곳에 머문 것은 『아메리카』라는 제목으로 출판된 카프카(F. Kafka)의 미완성 소설 때문입니다. 고향 독일을 버리고 미국으로 건너온 이 소설의 주인공은 오클라호마에 있는, 자연극장이라는 이상한 장소에 도착합니다. 어째서 오클라호마일까, 줄곧 마음에 걸렸었습니다. 잘 알려져 있는 일이지만 카프카는 한번도 미국에 간 적이 없었습니다. 어째서 오클라호마인지 이번 여행에서 해답을 찾지는 못했지만 다만 한가지, 지금까지 모르던 것을 알게 되었습니다. 그것은 오클라호마주에 사는 인디언에 관한 것입니다. 이곳에는 정말 다양한 종족이 살고 있는데 그들은 옛날부터 이 지역에 있었던 것이 아니라 강제이주를 당한 역사가 있다고 합니다.

미국에서는 '인디언'이 아니라 '네이티브 아메리칸'이라고 부르는 것이 정치적으로 옳다고 합니다만, 이 네이티브(native)라는 단어가 카프카의 자연극장과 문득 연결되었습니다. '아메리카는 이민자의 나라이지만 처음부터 그곳에서 태어난 사람들도 있다'는 의미로 저는 '네이티브'를 해석하고 있었는데 실은 전혀 '자연'스럽지 않은 네이티브 아메리칸 이주의 역사가 있는 것이죠.

카프카에겐 「인디언이 되려는 소망」이라는 단편도 있어서 인디언의 이미지에 대한 집착이 오클라호마 선택에 관계가 있을지도 모른다는 생각이 들었습니다. 참고로 '오클라호마'라는 말은 한 인디언 종족의 언어로 '붉은 땅'이라는 뜻이라고 들었습니다.

카프카 소설에 등장하는 오클라호마 자연극장의 구인광

고에는 '누구라도 여기서 일할 수 있음, 과거사는 묻지 않음'이라고 적혀 있습니다. 우리가 미국에 대해 품고 있는 이미지 역시 이와 닮은 것 아닐까요? 고향을 버리고 미국으로 가기만 하면 누구나 자유롭게 과거의 일은 잊고 그 순간부터 미래를 향해 각자가 노력할 수 있는 땅, 성공할 기회가 평등한 나라라는 식의 이미지. 공동체에 얽매인 고향의 이미지와는 반대죠. 하지만 실제로는 '홈랜드 씨큐리티'(Homeland Security: 국토 안보)라는 표현이 잘 보여주듯이 그 미국은 다른 나라 이상으로, 외부의 적으로부터 지켜내야만 할 애틋한 고향이라는 환상을 만들지 않으면, 그리고 이를 위해 우선 외부의 적을 만들어내지 않으면 기능하지 않는 것입니다.

저도 외국으로 이주한 인간이지만 어디로 돌아가야 할지 몰라서 쓸쓸하다는 생각을 해본 적은 없습니다. 돌아간다고 하는 발상이 없는 거죠. 그런데도 독일인들은 곧잘 "당신은 하이마트를 잃어버린 것 아닌가?" 하고 걱정을 해줍니다. 어쩐지 저는 그것이 몇해 전부터 줄곧 마음에 걸렸습니다. 고향을 나타내는 '하이마트'라는 낱말은 나찌 시절에 악용되었던 까닭에 '조국'이라는 낱말과 마찬가지로 느낌이 끔찍합니다. 독일인이 외국인의 하이마트 상실에 동정하는 것은, '자기 나라로 빨리 돌아가면 좋을걸' 하는 식의, 외국인을 배척하는 마음의 표현에 불과한 것 아닐까 싶어 저는 지금까지 무척 비판적이었습니다.

그런데 지난달, 이 문제를 완전히 다른 각도에서 바라볼 수 있는 기회가 찾아왔습니다. 아는 사람이 다큐멘터리 영화를 만들었다기에 보러 갔는데, 2차대전이 끝나고 폴란드령이 된 영토에 몇대째 살아오던 독일인들이 내지(內地)[7]로 귀환해올 때의 체험을 이야기하는 작품이었습니다. 영화는 귀환자들과의 인터뷰로 이루어져 있는데 듣고 있으려니, 그들은 몹시 고생을 한 모양입니다. 내지라고는 하지만 그들에게는 외국과 마찬가지여서 그 지역 사람들은 부랑자라도 보듯이 경계의 눈으로 바라보고, 일거리도 없이 난방도 되지 않는 다락방에 얹혀살며 비바람을 피하고, 구멍난 신발에 빗물이 스며들어 발이 시렸다는 이야기도 있었습니다. 초등학교 방과후, 다른 아이들이 버린 빵조각을 쓰레기통에서 주워모아다가 가족들이 저녁식사를 했다는 이야기도 들었습니다. 하지만 빈곤보다 더 힘들었던 것은 차별이었던 모양입니다.

인터뷰에 응하는 사람들의 멋진 양복, 번듯한 차림새, 응접실을 보고 있으면 유년시절 그런 고생을 했다고는 도저히 믿기지 않습니다. 이러한 겉모습을 한 독일인들을 볼 때마다, 저는 그때까지는 '몇대에 걸쳐 부르주아 생활을 해온 이런 인간들이 이민자 아이들의 마음을 절대 알 리가 없을 거야' 하는 기분을 떨쳐버릴 수 없었는데, 실은 그들 대부분이

---

7 내지(內地): 식민지와 대조적으로 사용된 말로 종주국을 가리킴.

그러한 유년시절을 보냈던 것이죠. 다만 그것이 공공연한 화제가 된 일이 최근까지는 없었습니다. 2차대전이라고 하면, 독일은 일본과 마찬가지로 이웃나라를 침략하여 엄청난 희생을 강요한 것이니 그런 독일인 스스로 '전후엔 우리도 힘들었다'는 둥 하는 소리를 하는 건 말도 안된다는 풍조가 있었습니다. 또한 원래 독일땅이 아닌 지역에 이주해 있던 독일인이 몇세대가 지나 다시 독일로 돌아온 것이니 추방이 아니라는 생각도 있을 수 있을 겁니다.

작가 귄터 그라스(G. Grass)의 출신지 단찌히(현재 폴란드령 그단스끄)에서 살았다는 어떤 남성은 "단찌히에서는 가족과 이웃들에 둘러싸여 평화로운 유년시절을 보냈다. 그랬는데 독일인은 나가라고 해서 빈몸으로 독일의 마을로 옮겨와, 같은 반 아이들에게 이유도 없이 날마다 얻어맞았으니 세상이 어떻게 된 건지 알 수 없었다"고 했습니다. 고향을 잃어버린다는 것은 그에게 그런 체험이었던 것이죠.

동프로이쎈뿐 아니라 지금의 헝가리나 체코에서도 많은 독일인들이 돌아왔습니다. 비슷한 체험을 한 독일인은 전후 몇백만명이나 된다고 합니다.

헝가리의 조그만 마을에 갔을 때, 독일인 동상이라는 것이 서 있었는데 자루 하나를 짊어진 젊은 일꾼의 상이기에 무슨 뜻인가 하고 물었더니, "자루 하나 메고 이 땅에 들어왔으니 자루 하나 도로 메고 나가라는 뜻이다"라는 대답이 거침없이 돌아왔습니다.

  쫓겨난 그들에게 공통된 것은 자신의 고향을 빼앗겼을 뿐 아니라 고향은 더이상 존재하지 않는다는 생각입니다. 지난 주 미국에서 칸트가 태어난 쾨니히스베르크(현재 러시아령 깔리닌그라뜨) 출신 여성과 이야기를 했는데, 제가 깔리닌그라뜨에 꼭 가보고 싶다고 했더니 반가워하기는커녕, 무척이나 어두운 얼굴로 "그 마을은 이미 존재하지 않는다. 옛날 것은 아무것도 남아 있지 않다. 지금 있는 것은 다른 마을이니, 나는 가고 싶지 않다"고 했습니다.

  "당신은 고향을 잃어버린 것 아닌가?"라고 우리의 상황을 걱정해주는 독일인의 대부분은 그런 역사를 안고 있는 것입니다. 자신이 그런 체험을 했기 때문에 지금의 이민자들을 돕고 싶다는 사람들이 있는가 하면, 이민자로서 고생했던 자신이 기껏 쌓아올린 것을 또다시 새로운 이민자들에게 빼앗기고 싶지 않아서 배타적이 되는 사람도 있는 것입니다만, 최소한 '정주자' 대 '이민자'라는 구도가 아니라, 오래된 이민자와 새로운 이민자의 이익이 대립하고 있는 것이라는 구도가 저에게도 가까스로 보이기 시작한 듯합니다.

2007년 10월 22일

인간이 동물에게 언어를 가르친 결과, 동물이 인간에게 우애를 표해줄 것이라는 식의 기대는,
지독한 자기중심주의에 불과합니다. 그것은 제국주의 나라의 사람들이 식민지인을 보는 시선,
남자들이 여성을 보는 시선과 공통된다고 할 수도 있습니다.

열번째 편지　　동물

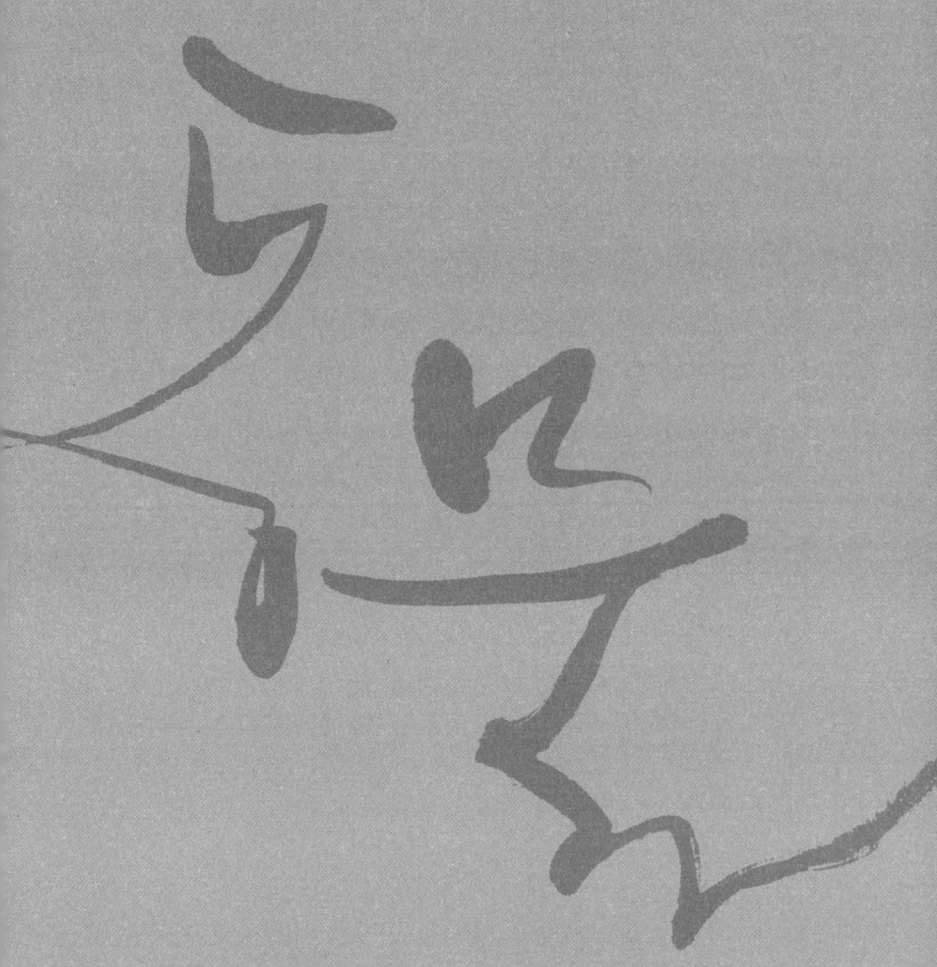

언어의 외부

타와다 요오꼬가   서경식에게

　지금 토오꾜오에서 이 편지를 쓰고 있습니다. 일본에 있을 때는 언제나 짧은 시간에 많은 일들을 채워넣는 탓에 제대로 된 글을 쓸 여유는 없지만, 이렇게 학생시절 다니던 찻집에 앉아 연필로 글을 쓰고 있노라니 20대, 10대의 기억들이 자꾸만 되살아납니다.
　소학교 시절 저는, 동물을 무척 좋아했습니다. 또한 글을 쓰는 것도 좋아했습니다. 그런데 이 두가지, 즉 동물과 작문이 하나가 되면 젬병입니다. 동물에 관해 쓰는 것은 도취감이 있었지만, 다 써서 제출하면 항상 저의 작문을 칭찬해주는 선생님이 "이번엔 제대로 안되었군요" 하는 식의 코멘트를 다는 것이었습니다. 더구나 작가가 된 후에도 이와 비슷한 일이 있어서 독일에서 쓴 아주 짧은 단편소설 두편에 동물이 나오는데, 평이 너무 나빴습니다. 그러니 동물에 관해서는 이제 밖으로 펼쳐놓지 말고 제 가슴속에 담아두자고 생각한 적도 있습니다만, 이번에 굳이 동물에 관해 쓰고자 하는 것은 '동물'이라는 주제를 빼버리면 언어나 도시, 정치에 대해 무언가 말하려 해도 중요한 부분이 누락되는 것 아닌가 싶었기 때문입니다.

하지만 동물에 관해 쓰는 것은 정말 어렵습니다. 그 한가지 이유는 저에게 동물이라는 것이 하나의 종교처럼 되어버렸기 때문입니다. 교회 같은 조직이나 『꾸란』 같은 성전, 날마다 불경을 읊조리는 것 같은 의식도 마음에 내키지 않고 어떤 권위를 인정할 생각도 없는 저이건만, 숲속에서 홀연히 사슴이 나타나 석양을 등지고 함초롬히 서 있는 것을 보면 저도 모르게 그 자리에 엎드려 경배하고 싶어지기 때문입니다. 그 아름다움을 앞에 두고 우리들 인간의 문적문적한 어리석음을 느끼지 않고 태연하게 있는 것은 거의 불가능한 일입니다. 또 돌고래나 고래들이 바다 위로 모습을 드러내는 것을 본 순간에도 존경에 가까운 기분이 솟아나 저의 보잘것없음을 깨닫게 됩니다.

동물은 저에게 있어 위대하고 존경해 마땅한 것임과 동시에 무방비하고 상처입기 쉬운 존재이기도 합니다. 저는 공포영화 같은 것은 아무렇지도 않고, 영화 속에서 사람의 머리가 잘려나가 굴러다니는 것을 보아도 어차피 속임수야 생각하며 끄떡도 하지 않지만, 설령 영화에서라도 동물을 죽이는 장면은 견딜 수가 없어서 눈길을 돌리고 몸서리치며 때로는 식은땀을 흘리기도 합니다. 그것은 어른이 되면서 극복한 것처럼 보이는 저 자신의 연약함이 동물에게 투영돼 있는 까닭이겠지요. 연약함이 꼭 결점은 아닙니다. 타인을 이기려는 마음도 없고, 자신을 지킬 만한 지혜도 없이 그저 툭 세상에 내던져져 금세라도 바깥세계에 물어뜯기고 먹혀버리는 그 순간에 볼 수 있었던 세상의 얼개. 그것을 한번 더 보려 한다면, 위험한 상처의 시간으로 돌아가야만 합니다.

동물은 무척 아름답지만 인간에 의해 상처입은 동물의 모습은 무섭습니다. 고속도로에서 차에 치여 널브러진 다람쥐를 본 적이 있으세요? 다람쥐는 몸집이 작아서 불쌍하다는 것이 아닙니다. 연구를 위한 것이라면서 머리 부분만 절단되어 있는 고래의 사진을 본 적도 있습니다. 연구라는 것이 그렇게 중요하다면 인체실험도 허용되겠군요.

사자가 사슴을 잡아먹듯이 사람도 살아가기 위해서는 동물을 죽일 수밖에 없다고 말하는 사람도 있지만 현대에 '굶주림을 면하기 위해 토끼를 한마리 죽이고야 말았다'라는 상황은 거의 없습니다. 또한 인간도 살 곳이 필요하다며 몇사람이 산속에 각자 집을 짓는다 해도 그것은 별것 아니죠. 산을 잘라내고 동물의 생활공간을 빼앗아가며 거대한 뉴타운을 만드는 것 같은 계획은 '나도 살아야 하니까'라는 소박한 마음과는 동떨어진 것입니다.

　작년 독일인 친구와 토오꾜오, 쿄오또, 나가사끼 등을 돌아다녔는데, 일본은 거미와 까마귀밖에 없다는 말을 들었습니다. 저는 둘 다 싫어하지는 않지만 거미집을 피해가면서 까마귀 우는 소리를 들으며 산책을 하다보면 정말 죽음의 나라에 와버린 듯한 기분이 듭니다.

　애완용 개나 고양이라면 물론 일본에도 얼마든지 있습니다. 현대인의 마음을 치유한다는 둥 해가며 늘어가고 있는지도 모릅니다. 이것은 독일도 마찬가지죠. 인간은 속으로 무슨 생각을 하고 있는지 모르고 기분이 직접 전해지지 않지만 개들은 겉과 속이 따로 없으니 마음이 편하다는 겁니다.

　하지만 개에게 겉과 속이 없다는 것은 꼭 옳은 말은 아닙니다. 예를 들어 주인이 돌아오면 개는 꼬리를 흔들며 좋아하지만 이것은 굳이 인간이 생각하는 의미에서 주인을 사랑해서라기보다는, 개에겐 늑대처럼 무리지어 사는 습성이 있어서 멤버가 길을 잃는 것이 곤란한 것뿐입니다. 그러니 없어졌던 멤버가 돌아오면 안심해서 기뻐하는 거죠. 또한 개들의 사회는 계급사회이니 권력에 민감합니다. 소학교 때 학교에서 개를 길렀고 저는 먹이를 주는 담당이었는데 좀처럼 개 우리에 오지 않는 교장선생님이 다가오자 개가 요란하게 꼬리를 흔드는 것이 당시엔 정말 이상했습니다. 개는 냄새로 인간의 나이를 안다고들 하니까 어린애들보다야 나이든 교장선생님의 권위를 인정했던 것인지도 모르지만, 그것뿐이 아닙니다. 곰곰이 생각해보면 우리도, 모르는 집단을 접했을 때, 그속의 역학관계를 냄새 맡는 능력이 있는 듯합니다. 또한 왠지 상대방이 냉정하다든가, 적의를 품고 있는 듯하다는 것도 피부로 느낄 수가 있는 법이죠. 언어의 외부에서 이 정도로 많은 정보가 교환되고 있다는 것은 무서운 일이기도 합니다.

정치가는 언어가 빈곤해서 문제라고 텔레비전을 볼 때마다 생각하던 저는 "언어생활에 문제가 있어서가 아니라, 분위기를 읽지 못하는 정치가는 물러날 수밖에 없다"는 매스컴의 보도에 놀랐습니다. 실각한 이유는 교육의 군국주의화라는 정책이 모두의 지지를 얻지 못했기 때문인데 그것을 전면에 내놓는 대신, 분위기를 읽고 못 읽고 하는 것을 화제로 삼는 것은 속임수가 아닐까 싶기도 했습니다.

언어가 되지 못한 타인의 기분을 읽어내는 능력은 당연히 필요하겠지만, 타인에게 분위기 파악을 요구하고 자신의 요구를 언어화하는 것을 게을리하는 태도 역시, 인간으로서는 오만하지 않을까 싶습니다.

「개에게 속삭이는 사람」이라는 비디오 테이프를 작년에 어떤 이가 보여주더군요. 멕시코의 개 세러피스트 이야기였는데, 그는 주인이나 다른 개를 물거나 으르렁대거나 하는 개들을 맡아 집단생활을 시키며 성격을 '고치는' 일을 직업으로 삼고 있습니다. 문제가 있는 개들만 몇십마리씩 함께 넣어둔 목장 같은 곳이니, 개들끼리 끊임없이 싸움이 일어날 수 있겠지요. 세러피스트는 그런 개집단의 한가운데 서서 한마리 한마리를 관찰합니다. 그러다가 그 가운데 한마리가 다른 한마리에 적의를 갖게 되기 직전에 그 개를 보고 "안돼" 하고 말하는 겁니다. 이미 싸움을 시작해버린 개를 떼어놓거나 나중에 벌을 주는 것은 효과가 없다고 합니다. 보통사람의 눈에는 더없이 얌전해 보이는 개에게서, 2초 후에 확실히 형태를 갖추게 될 폭력성을 감지해내는 세러피스트의 능력에 감탄했습니다. 인간사회에서도 "평소엔 점잖고 상냥한 아이였는데 갑자기 사람을 죽였다"는 이야기를 종종 듣습니다만, 이것은 폭력이 형태를 갖추는 데까지 이르는 과정, 아직 언어가 되지 않은, 혹은 마지막까지 언어가 되지 못하는 마음의 역학에 대해 우리가 지나치게 모르고 있다는 것이기도 하고, 또한 이와 모순되게 들릴지 모르지만, 어쩌면 우리가 언어라는 것을 너무 모르고 있다는 증거일지도 모릅니다.

인간이 동물보다 위대한 것은 언어를 사용하기 때문이라고 하는 사람들이 곧잘 있는데 저는 오히려 동물에 대해 생각하기를 그만둔다면 그로써 언어에 관한 것도 모르게 되어버리는 것 아닐까 싶습니다.

저는 지금까지 몇번인가, "언어를 사용하지 않고서도 사고할 수 있다"고 했다가 논쟁에 휘말린 적이 있습니다. 상대방은 언제나 남성입니다. 사고라는 단어가 적절한지 어떤지 모르지만 예를 들어 사람을 향해 이야기를 하고 있을 때, 상대의 얼굴에 나타나는 표정은 대단히 복잡한 것이어서 지금 들은 이야기로 본인도 생각지 못한 기억이 되살아난다든가, 과거에 비슷한 이야기를 했던 다른 사람의 얼굴이 떠오른다든가, 직업상 이유로 자기 의견을 말하지 않고 참으려는 의도가 보인다거나, 몸상태가 좋지 않아서 오는 일그러짐이 드러나거나, 그밖에도 맛, 냄새, 빛, 바람…… 언어화(言語化)하다가는 한이 없을뿐더러 아무리 생각해도 마땅한 언어를 찾을 수 없는 것들도 많이 있어서 그런 몇천가지 요소가 조합된 타인의 표정을 보면서, 사람들은 한순간에 그것에 자신의 몸과 음성으로 반응하는 것입니다. 한순간의 일이니, 머릿속에서 모든 것을 언어화한다는 것은 불가능합니다. 그렇게 하여 여러 사람이며 온갖 풍경에 접함으로써 육체는 확실하게 세계를 읽어내어 사고하면서 여행을 계속해가는 것이고, 일생에서 언어화할 수 있는 것은 그것의 극히 일부에 불과합니다.

우리 몸이 감지하고 배워나가는 것을 따라가며 재현하고자 할 따름인 언어로는 미덥지가 못하므로, 언어는 그런 방식을 포기하고 독자적인 길을 갈 수밖에 없습니다. 예를 들어 표범이 휙 달려나가는 모습을 아무리 정교하게 묘사한대도 표범이 달리는 것, 혹은 달려나가는 표범과 언어가 겨룰 수 없으니 그런 수준의 리얼리즘에 별의미가 없는 것도 그 때문입니다. 하지만 언어 속에는 뭐랄까, 달려나가는 표범에 필적할 만한 것이 있습니다. 그 '말' 속의 '표범'을 추구하다보면, 이른바 '언어의 의미'를 뛰어넘는 곳까지 갈 수밖에 없는 것이죠.

흔히 동물은 본능적인 욕구에 순응하면서 먹을 것을 찾고, 자손을 남기며 자연스레 죽어갈 수가 있다고 말하지만 이것도 의문입니다. 올여름 전유럽의 인기를 모은 북극곰 크누트는 냉전의 희생자로 어미곰이 동독의 써커스에서 사용되면서 노이로제에 걸려 새끼를 돌보지 않게 되자 북극곰 새끼로는 처음으로 인간의 손에 의해 길러졌습니다. 무엇보다 얼음 없이는 살 수 없는 동물인 까닭에 지구온난화를 멈추게 하려는 캠페인의 상징으로서 정치가들도 크누트를 보러 방문을 하는 등 역사적·정치적 콘텍스트 속에 살고 있습니다. 동물에게 '자연'이라는 이미지를 투영하는 것이야말로 동물이 자연이 아니라는 증거겠지요.

하지만 인간이라는 생물이 본능을 잃어버렸다는 것은, 언어에 의지하여 생명을 이어가는 존재라는 말입니다. 잠을 자려는 것도, 먹으려는 것도, 살려는 것도 자연스럽거나 직접적으로 일어나지 않는, 우리들의 복잡한 '하고 싶다, 하고 싶지 않다'라는 구조를 좀더 가까이서 파악하기 위해서는 언어가 픽션으로서의 자연을 묘사해 보이는 것으로는 안되고, 언어 그 자체가 동물적으로 움직이는 순간에 충동적으로 써나간다고 하는, 그런 문학을 응원까지는 못하더라도 하다못해 망가뜨리지 않아줄 만한 정치적·경제적·사회적인 틀만은 지켜가고 싶군요.

2007년 11월 8일

그 작은 새는
어디로 갔지

서경식이　　　　타와다 요오꼬에게

　타와다 요오꼬씨. 서울은 가을이 깊었습니다. 얼마 전, 태백이라는 지방도시로 짧은 여행을 갔었습니다. 한때는 탄광촌이었지만 지금은 거의 폐광을 했습니다. 쇠락한 마을을 둘러싼 산들은 온통 단풍을 휘감고 있더군요. 이곳의 단풍은 일본처럼 붉지 않고, 어느 쪽인가 하면 선명한 황색입니다. 조선의 산하를 표현하는 금수강산(錦繡江山)이라는 말이 있는데 그럴듯하다는 생각이 듭니다.
　마을의 탄광박물관에서 재미있는 전시를 보았습니다. 위험한 노동에 종사하는 광부들은 대단히 신심이 깊어 틈만 나면 '산신'에게 작업의 무사함과 가정의 안전을 빌었다고 합니다. 일본의 '미꼬(巫女)'에 해당하는 무당이 이러한 민간신앙의 제사들을 맡아합니다. 태백산의 '산신'은 호랑이죠. 한국의 산에는 예부터 호랑이가 살았고 호랑이를 둘러싼 설화와 전승 들이 많이 남아 있습니다.

베를린의 가을은 어떻습니까? 저는 베를린이라는 도시의 팬인데 그 이유 중 하나는 동물원입니다. 세계 각지를 여행하면서 가는 데마다 제가 찾아가는 곳이 미술관과 동물원이랍니다. 바르쎌로나라든가 빈의 동물원도 근사하지만 베를린에 견줄 수는 없습니다.

저는 소학생 시절부터 동물원이 좋았습니다. 쿄오또시 동물원은 헤이안신궁 근처, 오까자끼공원에 있습니다. 어린아이들이 토끼나 양, 당나귀 등을 직접 만져볼 수 있는 시설도 있지만 저는 이건 그다지 좋아하지 않았습니다. 미지근한 촉감이나 통통 뛰는 심장의 고동이 전해오는 육감적인 느낌이 싫었던 거죠. 오히려 나무늘보나 늘보원숭이와 같은 마이너한 동물을 좋아해서 그것들의 완만한 움직임을 꼼짝않고 지켜보며 시간을 보내곤 했습니다.

20대가 지나고 나서도 쿄오또시 동물원에는 자주 발을 옮겼습니다. 여성들과 데이트를 할 때면 단골코스이기도 했죠. 느닷없이 관람객에게 자신의 똥을 집어던지는 버릇이 있는 로랜드고릴라가 있어서 동행한 여성을 놀라게 한 적도 있습니다. 보스인 '마크'였거나 아니면 그 아들인 '쿄오따로오'였는지도 모릅니다. 언젠가, 북아메리카산 삵을 보고 있는데 울타리 너머에서 두마리가 번식행위를 시작했습니다. 좀처럼 드문 기회인지라 넋을 잃고 바라보다가 문득 돌아보았는데 옆에 있던 여성과 눈이 마주쳤습니다. 일순, 그녀의 눈이 삶의 눈빛을 띠고 있는 것 같아 저도 모르게 눈을 내리깔았던 것도 생각납니다.

1980년대 전반의 일인데요, 어두운 마음을 안고 방랑여행을 되풀이하던 저는 어느 겨울날, 서베를린에 도착했습니다. 당시엔 아직 베를린이 동서로 나뉘어 있어서 본래의 중앙역은 벽 너머의 동베를린 지역에 편입되어 있었던 까닭에 서베를린의 중심이 되는 철도역은 '주'(Zoo), 즉 동물원역이었습니다. 역에서 내리면 정말 눈앞에 동물원이 있어서 동물들이 풍기는 특유의 냄새가 주변에 감돌고 있었죠.

그때 처음 찾아갔던 베를린동물원에서 그때까지 본 적이 없던 거대한 호랑이를 만났습니다. '아무르호랑이'입니다. 지역에 따라 시베리아호랑이, 만주호랑이, 조선호랑이 등으로도 불리는 호랑이 그룹 가운데 극동러시아의 아무르강 유역에 서식하는 것을 '아무르호랑이'라고 부르는데 인도 등의 남방 호랑이에 비해 훨씬 큽니다. 베를린동물원의 호랑이는 얼굴이 방석만큼 컸습니다. 체중은 300킬로그램 이상 되었겠지요. 우울한 눈빛이었지만 고고하고 위엄에 차 있었습니다. 제 마음속에서는 어린시절부터 애독해온 니꼴라이 바이꼬프(N. Байков)의 소설 『위대한 왕』이 그 미세한 디테일에 이르기까지 되살아났습니다.

『위대한 왕』은 '만주' 밀림에 태어난 '왕대(王大)'라 불리는 호랑이 이야기입니다. 밀림의 왕자가 되어 지방민들의 외경과 신앙의 대상이었던 그는 근대문명에 의한 개발과 더불어 차츰차츰 밀고 들어오는 인간들에게 몰려, 최후엔 비극적인 죽음을 맞이합니다. 저자 바이꼬프는 '만주국'에 사는 망명 러시아인이었습니다. 일본의 패전으로 '만주국'이 붕괴한 후, 한때는 일본에 몸을 맡겼지만 결국은 오스트레일리아로 건너가 1958년 85세로 세상을 떠났습니다.

'왕대'의 아버지는 백두산에 사는 '조선호랑이'입니다. 현재 한국에서는 거의 절멸했고 극동러시아 지역에서도 90년대말 시점에서 개체수 500마리 정도로 절멸 위기에 처해 있습니다. 베를린동물원에서 만난 거대한 호랑이는 바로 그 '왕대'의 자손이었을까요? 그후 세계 각지의 동물원을 몇번이나 찾아갔지만 베를린에서 본 것만큼 멋진 호랑이를 볼 수는 없었습니다.

1992년 여름, 어느 대학의 학술조사단에 참가하여 중국 지린성의 옌뼨 조선족 자치주를 방문했을 때, 중국 쪽에서 백두산에 올랐습니다. 정상에서 둘러보니 기슭에는 울창한 숲이 바다처럼 펼쳐져 있었습니다. 일찍이 호랑이들이 자신들의 왕국으로 삼았던 광활한 수목들의 바다입니다. 산기슭의 자연박물관에 들어가니 그곳에는 박제된 조선호랑이도 전시

되어 있었습니다. 하지만 예상과는 달리, 바짝 야윈 궁색한 모습이었습니다. 같은 조사단의 어떤 이가 "이건 뭐야, 고양이 같네. 의외로 조그맣군" 하고 중얼거리는 것을 들으며 어린시절의 꿈이 또 하나 현실에 의해 배신당하는 것 같아 실망을 했었죠.

2~3년 전, 오랜만에 베를린동물원에 가보았습니다. 동·서독일은 통일되었고 중앙역이 다시 문을 열었기 때문에 주(Zoo)역은 그 지위를 잃었지만 역 앞의 버스터미널 주변에 맴돌던 냄새는 옛날 그대로였습니다. 동물원에 호랑이들이 있었지만 그 거대한 호랑이의 모습은 보이지 않았습니다. 죽은 걸까요? 아니면, 그것은 제 마음이 만들어낸 환상이었던 걸까요?

베를린동물원은 유인원 우리도 충실해서 그곳에는 마운틴고릴라니, 오랑우탄 말고도 저를 사로잡는 보노보가 있습니다. 보노보는, 한때 '피그미침팬지'라고 불리던 시절도 있었지만 침팬지와는 종이 다른 유인원으로 아프리카 중부, 콩고강 남안 일대의 열대우림에 서식합니다. 일반적으로 동물에게 있어서 성행위는 생식만을 목적으로 하고 있어서 정해진 교미기에만 수컷과 암컷 사이에 이루어지지만, 인간과 보노보만은 교미기가 없고 쾌락이나 사교를 위한 성행위를 합니다. 인간만의 행동이라고 여겨지던 정상체위를 한다는 것도 알려져 있습니다. 보노보는 또한 수컷들끼리 엉덩이를 문지르는 '엉덩이 대기'라든가, 암컷들이 서로의 성기를 부벼대 '따끈따끈'이라 불리는 동성애적 행위도 합니다. 그런 의미에서 보노보는 '인간에 가장 가깝다'고들 하는 것입니다. 베를린동물원에는 이 평화적 향락주의자의 한무리가 있어 언제 보아도 관람객을 지루하게 하지 않습니다.

몇년 전, 저는 대학의 학생들을 인솔하여 아우슈비츠 수용소 등을 견학하는 투어를 했는데 그때 들렀던 베를린에서는 시내 곳곳에 남아 있는 전쟁과 학살의 사적에 덧붙여 동물원에서 보노보를 만나는 것도 여정에 집어넣었습니다. 보노보를 말없이 응시하다보면 우리가 눈치채지 못하는 동안에 자기도 모르게 믿고 있던 '인간과 동물의 경계'에 관한 개념이 흔들리기 시작하는데 그것이 인간이라는 존재에 관해 좀더 깊이 생각하는 데 도움이 된다고 생각했기 때문입니다.

침팬지나 보노보에게 인간의 언어를 가르치고자 하는 시도는 세계 각지에서 행해지고 있습니다. 그것은 자신을 알고 싶다는 인간의 격렬한 욕망에 의해 촉발된 움직임일지도 모릅니다. 그러한 시도 속에서도 미국 애틀랜타의 조지아주립대 언어학연구소에 있는 '칸지'라는 이름의 보노보가 가장 주목을 받고 있습니다. 칸지의 '천재성'은 일본의 NHK 텔레비전에서도 두세번 방영되었습니다. 칸지와 그의 누이동생은 영어를 문법까지 포함하여 이해한다는 사실이 확인되었다고 합니다. 그들은 인간의 음성만으로 지시를 받아 땔감을 모아 라이터로 불을 붙이기도 하고 그 모닥불로 햄버거를 굽기도 한다는군요. 그리고 특수한 키보드를 써서 인간과 대화를 한다고도 합니다.

저는 반신반의하면서 텔레비전을 보고 있었습니다만, 다음과 같은 장면엔 놀랐습니다(기억만으로 쓰고 있으니 세부적인 것은 다를지도 모릅니다). 칸지가 기르던 작은 새가 죽어버려서 연구자가 마당 한구석에 묻고 "그 작은 새는 어디로 갔지?" 하고 물으니 그는 키보드 위의 작은 아이콘을 눌렀습니다. 그것은 '암흑'(darkness)이라는 의미를 나타내는 것이었습니다. 이어서 "작은 새는 지금 어떻게 지낼까?" 하고 물으니 칸지는 마찬가지로 해서 '평온해'(comfortable)라고 대답한 것입니다.

저도 놀랐지만 함께 보고 있던 아내는 더 놀랐습니다. 죽음은 궁극적인 구원이고 평안함이다, 그랬으면 좋겠다 하는 그녀의 평소의 생사관과 완전히 일치하는 것이었으니까요. 그리고 원숭이가 죽음에 관해 그와 같은 '추상적 인식'을 한다는 사실에 깊은 감명을 받은 듯했습니다.

그건 그렇고, 현시점의 저는 역시 약간 회의적입니다. 동물에게 인간의 언어를 가르치려드는 시도는, 인간과 동물 사이에 '언어'(그것도 인간의 언어)라는 경계를 만들고 인간을 상위에 놓고 싶다는 욕망이 뒷받침되고 있다고 생각합니다. 그리고 제가 그 행위를 무섭다고 여기는 것은 창조주가 부여

한 자연계의 질서에 도전하는 불손한 행위라는 식의 의미에서가 아닙니다. 가령 가축을, 예를 들어 돼지를 상상해봅시다. 돼지들에게도 사고라는 것이 있는데 단지 그것을 언어로 표현하지 못할 뿐이라고 가정합시다. 이전 편지에서 '태어나다=출산되다'(生まれる=産まれる, I was born)라는 이야기를 했었죠. 돼지들은 인간에 의해 태어나지고, 살게 만들어지고, 죽임을 당하는 겁니다. 그것도 먹히기 위해서!

그 돼지들이 인간의 언어를 획득한다면 무어라 말할까요? 인간에 우호적일 리가 없겠지요. 이런 상상은 실은 이미 웰즈(H. G. Wells)가 『모로 박사의 섬』이라는 작품으로 우리에게 보여준 것입니다. 남해의 고도에서 동물을 인간으로 개조하는 실험에 몰두해온 모로 박사는 동물들에게 호되게 복수를 당하게 됩니다. 저는 『위대한 왕』을 처음 읽은 것과 비슷한 시기에 이 작품을 읽었는데 특히 그 표독스럽던 삽화를 지금도 선명하게 기억하고 있습니다.

인간이 언어를 가르친 결과, 동물이 인간에게 우애를 표해줄 것이라는 식의 기대는, 지독한 자기중심주의에 불과합니다. 그것은 제국주의 나라의 사람들이 식민지인들을 보는 시선, 남자들이 여성을 보는 시선과 공통된다고 할 수도 있습니다. 죽음이 평온한 것이었으면 좋겠다는 자기본위적 기원을 인간이 칸지에게 투사한 결과, 그가 인간들이 기뻐할 만한 반응을 선택해 보인 것은 아닐까 저는 생각합니다. 그런 반응에 일희일비하는 것은 '원숭이 꾀'[1] 아닌 '사람 꾀'라고나 할 만한 것일지도 모르겠군요.

우리는 이 왕복서한에서 정치적 경계로서의 국경뿐 아니라 문화나 언어의 경계 등, 갖가지 경계들에 대해 이야기를 나누었습니다. 그러는 김에 제가 평소에 지니고 있는 망상 비슷한 것을 말해볼까 싶습니다.

인생의 어떤 국면에서, 타자(예컨대 이성입니다만, 이성이 아니더라도 상관없습니다)의 내부로 들어가고 싶다는 욕망을 느낄 때가 있지요? 혹은 타자를 내부로 끌어넣고 싶다는. 이 '내부'라는 것은 정신적인 의미가 아니라, 어디까지나 육체적인 의미의 내부입니다. 이때, 경계가 되는 것은 우리의 신체 표면을 빈틈없이 덮고 있는 피부죠. 피부의 경계를 뚫고 타자와 일체가 되고 싶다는 욕망이 우리에겐 있는 듯합니다. '먹어버리고 싶을 만큼'이라는 식의 표현이 말 그대로 이런 욕망을 나타내고 있습니다.

중학교 '생물'시간에 무슨 동물(인간이었을지도 모릅니다)인가의 수정 장면을 영상으로 본 적이 있습니다. 무수한 정자들이 단 한개의 난자를 향해 질주하더니 그 가운데 오직 하나만이 난자의 세포막이라는 경계를 뚫는 데 성공합니다. 난자 입장에서 말하자면 단 한개의 정자만을 자기 내부에 끌

---

[1] 일본어에는 잔꾀라는 뜻의 사루지에(猿知慧)라는 말이 있다.

어넣는 것에 성공한 셈입니다. 여기서 합일이 실현되었습니다. 이제야 어떤 경계도 없이 두 존재가 하나가 된 것입니다. 그런데 다음 순간, 난할(卵割)이라는 단계가 시작됩니다. 기껏 합일을 이룩한 수정란은 곧바로 몇개나 되는 세포로 분열하여 무수한 세포막이라는 경계를 끌어안게 되는 것입니다. 얼마나 얄궂은 일인가요? 경계를 뛰어넘는 행위와 경계를 만드는 행위의 조합에 의해서 생명 그 자체가 이루어져 있다―이 프로쎄스를 중학생이었던 저는 무언가에 속은 듯한, 석연치 않은 기분으로 바라보고 있었습니다. 지금, 그때의 기분을 떠올리고 있습니다. 자, 그럼 안녕히.

2007년 11월 18일

즐거운 여행을(Bon Voyage)!

| 일본어판 후기 |

　교정본을 지금 다시 읽어보니, 나 자신이 그 시기에 생각하고 있던 것들의 정확한 기록장이 되어 있다. 두번째 편지만은 서선생과 처음 만났던 쾰른 일본문화회관에서의 대담강연을 고쳐쓴 것이어서 조금 지난 일이지만, 다른 것은 모두 그때그때 외부세계와의 접촉 가운데 형성된 생각들이 흩어져버리지 않도록 서둘러 기록하여 상대에게 보내는 형식이 되어 있다. 나에게는 생각 속 대화상대는 언제나 복수였지만 그것은 막연한 복수가 아니라, 매회 더없이 소중한 경험이 아로새겨져 있는 개인으로서 나타난다. 그러니 서선생에게서 편지가 오면 그것이 한 개인으로부터 받는 자극이 되어 그물눈 모양으로 생각하고 있던 것을 일단 한오라기의 실로 꺼내놓을 수 있었던 듯하다. 하지만 쓰고 있는 동안에 편

지라는 형식이 논문 이상으로 배타적인 것처럼 느껴졌고, 독자가 있다보니 지나치게 마음 졸였던 면도 있었다. 하나의 주제를 혼자서 좇는 형식은 아니었기 때문에 여러 마을들을 둘러보면서 싫든 좋든 퍼져나가는 파도의 소용돌이 속에 빠져버릴 듯하면서도 최소한의 발견과 발상들을 적어보았다. 착각, 빗나간 공, 잘못 친 공, 잊어버린 공들도 많으리라. 올해는 서재의 의자에 앉아 있거나 도서관에 다닐 만한 시간이 있는 해로 만들고 싶다.

타와다 요오꼬

 당구 중에는 '4구 알다마'니 '쓰리쿠션'이니 하는 경기에 '모으기'라는 기술이 있다. 공을 쳐가면서 당구대 위에 흩어져 있는 공들을 자신에게 유리하도록 모아가는 것이다. 타와다씨와의 게임에서는 나는 몇번인가 '모으기'를 시도했지만 그때마다 제대로 흩어져버리곤 했다.

 질문에 답을 듣지 못한 적도 많다. '차이나타운 버스'라는 것은 어떤 것인지, 지금도 궁금하기 짝이 없다(타와다씨, 언젠가 꼭 가르쳐주세요).

 나는 사고방식이나 이야기를 진행해가는 방식이 세로방향이 되는 경향, 그것도 위로 올라가는 것이 아니라 아래로 향해가서 구멍을 파는 경향이 있지만 그녀는 그것을 가로방향으로 열어간다. '모으기'에 응하는 '흩어놓기'라고나 할까.

　타와다씨와의 왕복서간 게재를 편집부의 야마모또 켄(山本賢)씨에게 제안한 것은 나였다. 그 시점부터 실은 이러한 세로 대 가로, 모으기 대 흩어놓기라고 하는 어긋남 같은 것이 생기리라는 것은 예상하고 있었다. 그것을 의도하고 있었다고도 할 수 있을 것이다. 결과는 예상대로였다.

　문제는 이러한 가로와 세로의 어긋남을 포함하는 대화가 독자에게 재미있을지 어떨지 하는 것이다. 재미있다고 생각해주신다면 기쁘겠지만 그건 독자만이 판단할 일이다. 나 자신은 타와다씨 덕분에 가로방향으로 조금 열린 듯한 기분이 든다.

　한국은 지금 엄동의 한복판이다. 이른 봄기운이 감돌기 시작할 무렵이면 나는 2년간의 연구휴가를 마치고 일본의 일터로 돌아가게 된다. '돌아간다'고 하지만, 본문에서 썼듯이 어딘가로 돌아간다기보다는 끝없는 여행이 이어진다는 느낌이다. 그럼 여러분, 즐거운 여행을.

서경식

All reasonable measures have been taken to secure Korean translation copyright of the artworks in this book, but some of them couldn't be legally secured. If the copyright holders appear, Changbi will take responsibility for the use of the artworks and discuss the best way of copyright use.

이 책에 수록된 예술품 중 일부는 원저작권자를 확보하기 위한 노력에도 불구하고 권리자의 허가를 확보하지 못한 상태로 번역 출간되었습니다. 저작권자가 확인될 시 창비는 원저작권자와 최선을 다해 협의하겠습니다.

경계에서 춤추다

초판 1쇄 발행/2010년 2월 19일
초판 2쇄 발행/2018년 5월 29일

지은이/서경식, 타와다 요오꼬
옮긴이/서은혜
펴낸이/강일우
책임편집/박영신
펴낸곳/(주)창비
등록/1986년 8월 5일 제85호
주소/10881 경기도 파주시 회동길 184
전화/031-955-3333
팩시밀리/영업 031-955-3399 편집 031-955-3400
홈페이지/www.changbi.com
전자우편/human@changbi.com

한국어판 ⓒ (주)창비 2010
ISBN 978-89-364-7185-9 03800

* 이 책 내용의 전부 또는 일부를 재사용하려면
  반드시 저작권자와 창비 양측의 동의를 받아야 합니다.
* 책값은 뒤표지에 표시되어 있습니다.